CELSO DE ARAÚJO *e* AGNALDO CAMPOS

MEIOS LEGAIS DE DIFERENCIAR EVASÃO FISCAL DE ELISÃO FISCAL

NORMAS APLICÁVEIS PARA **DIMINUIÇÃO DA CARGA TRIBUTÁRIA**

Dados Internacionais de Catalogação na Publicação (CIP)

(eDOC BRASIL, Belo Horizonte/MG)

Araújo, Celso de.

A663m

Meios legais de diferenciar evasão fiscal de elisão fiscal: normas aplicáveis para diminuição da carga tributária / Celso de Araújo, Agnaldo Campos. – São José dos Campos, SP: Ofício das Palavras, 2025.

241 p. : il. ; 16 x 23 cm

ISBN 978-65-5201-045-2

1. Auditoria tributária – Brasil. 2. Impostos – Brasil. 3. Gestão tributária. I. Campos, Agnaldo. II. Título.

CDD 657.46

Coordenação Editorial: **Mari Coelho**
Produção Editorial: **Palavras do céus**
Produção de Texto e Revisão: **Ofício das Palavras**
Capa e Diagramação **Tatiane Lima**

"É natural ser BOM no seu DOM." - Mari Coelho/ @falamaismari
www.maricoelho.com

SUMÁRIO

INTRODUÇÃO

Tributos: obrigação ou estratégia?

O estudo de tributos pode parecer árduo ou pouco atrativo à primeira vista, mas sua importância é incontestável.

Um equívoco comum entre administradores de empresas de diversos setores é tratar o recolhimento de impostos como uma tarefa exclusiva do contador ou do advogado, algo a ser resolvido apenas às vésperas do vencimento.

Contudo, em um cenário no qual a fiscalização é cada vez mais rigorosa e a competitividade empresarial cresce exponencialmente, os tributos deixaram de ser uma simples exigência legal para se tornar um fator estratégico na gestão empresarial.

Transformar a gestão tributária em uma vantagem competitiva exige mais do que cumprir prazos: demanda análise cuidadosa, dedicação e planejamento. Quando bem conduzido, o recolhimento de tributos pode se tornar uma ferramenta poderosa para otimizar custos e ampliar a margem de lucro. Compreender e gerenciar tributos com inteligência não é apenas uma obrigação, mas uma estratégia indispensável para empresas que buscam crescer de forma sustentável.

Com o aumento da complexidade nos negócios e a necessidade de adaptação às constantes mudanças na legislação fiscal, as empresas estão transformando suas áreas tributárias em setores menos operacionais e mais estratégicos. Essa mudança de postura reflete a percepção de que lidar com tributos vai além do mero cumprimento de obrigações legais.

Departamentos tributários estão, inclusive, ganhando maior autonomia e se desprendendo do perfil de dependência das áreas jurídica e contábil.

Contudo, o novo profissional da área precisa unir conhecimentos de ambas as disciplinas para atender às demandas atuais das organizações. Essa exigência tem criado um aumento na demanda por profissionais qualificados. Grandes empresas, frequentemente, enfrentam dificuldades em preencher posições abertas na área tributária, com algumas vagas permanecendo meses sem candidatos adequados.

A previsão é que a procura por especialistas nessa área aumente em torno de 30%, especialmente considerando que a carga tributária pode representar até 40% do faturamento das empresas — um valor expressivo que exige estratégias para sua redução legal. Além dos responsáveis pelo planejamento estratégico, a área tributária é composta por especialistas em contencioso, que discutem questões fiscais com o Fisco e o judiciário, e por profissionais operacionais, encarregados da apuração, pagamento e recolhimento dos tributos.

Um dos maiores desafios da área tributária é lidar com o uso crescente de tecnologias, que não apenas aumentam a velocidade na geração de informações, mas também intensificam o controle e o rigor da fiscalização. Esse cenário exige um enfoque preventivo e uma atuação consultiva mais apurada.

Diante disso, o objetivo desta obra é proporcionar uma compreensão mais aprofundada sobre a gestão fiscal e o planejamento tributário, oferecendo subsídios para que o leitor aperfeiçoe suas práticas de gestão empresarial e financeira.

ESTE LIVRO NÃO É APENAS SOBRE NÚMEROS OU LEGISLAÇÕES; É SOBRE COMO TRANSFORMAR UM TEMA VISTO COMO BUROCRÁTICO EM UMA VANTAGEM COMPETITIVA E EM UMA FERRAMENTA DE CRESCIMENTO SUSTENTÁVEL.

01

PLANEJAMENTO TRIBUTÁRIO E OUTRAS **ESTRATÉGIAS**

No artigo Planejamento Tributário (Portal da classe contábil, 2007), o autor A.V. Garcia diz que a realidade fiscal se tornou visivelmente complexa ao trazer um custo financeiro enorme às empresas e causar uma constante insegurança aos empresários, que não têm certeza se estão cumprindo com as obrigações exigidas pela legislação fiscal. Ainda segundo Garcia (2007), o planejamento tributário — também conhecido como elisão fiscal — é um ato preventivo que, de acordo com a legislação brasileira vigente, tem como objetivo encontrar mecanismos que permitem diminuir o desembolso financeiro com o pagamento de tributos, tornando-se primordial nas administrações empresariais.

Sua finalidade tem como base evitar a incidência tributária, para então prevenir a ocorrência do fato gerador do tributo. Isso minimiza seu montante, ou seja, reduz a alíquota ou a base de cálculo.

Geralmente, as grandes empresas possuem um comitê de planejamento tributário formado por uma equipe de profissionais com conhecimentos específicos em Contabilidade, Direito, Legislação Tributária, Administração de Empresas e Economia.

Essa equipe busca formas de sobreviver aos altos custos tributários existentes em nosso país, estudando claramente

o perfil dos fornecedores da empresa em que atua, visando à diminuição de seu ônus.

Tudo isso deve ocorrer antes mesmo da entrega da matéria-prima, dos insumos ou dos serviços, atentando-se aos efeitos econômicos e jurídicos e aos meios legais menos onerosos. Desse modo, para realizar um planejamento tributário, é necessário que sejam diariamente analisados:

- A legislação tributária.
- A possibilidade de compensação de tributos.
- Se os produtos produzidos ou comercializados pela empresa têm ou não substituição tributária (ICMS, IPI, PIS e Cofins).
- O ramo de atuação da empresa.
- O perfil dos clientes.
- As operações financeiras realizadas.
- O melhor enquadramento tributário para a empresa e a possibilidade de aproveitamento de créditos tributários sobre as compras realizadas e dos créditos de PIS e Cofins não cumulativos.

Assim, o momento de planejar os tributos deve ocorrer diariamente ou, no máximo, mês a mês.

O PRINCIPAL MÉTODO DE PLANEJAMENTO É AQUELE FEITO DE MODO PERSONALIZADO PARA A EMPRESA OU GRUPO EMPRESARIAL.

O planejamento personalizado é uma ótima opção para a redução dos custos de produção e, consequentemente, para aumentar a margem de lucro empresarial.

De acordo com Alexandre Galhardo, consultor e gerente tributário, empresas deverão ter um planejamento operacional consistente com suas atividades. Nesse sentido, em sua elaboração inicial, o planejamento precisa contemplar:

- previsão e destino do faturamento;
- produtos e serviços contemplados;
- orçamento das despesas operacionais;
- previsão de aquisições de produtos e insumos;
- localização dos fornecedores;
- estimativa da margem de lucros.

Em seguida, é necessário contratar uma assessoria e uma consultoria tributária, a fim de possibilitar uma análise correta das atividades operacionais, além de elaborar um estudo comparativo entre o Lucro Presumido, o Lucro Real e o Simples Nacional, segundo Galhardo. Também é preciso analisar a legislação do ICMS — Imposto sobre Circulação de Mercadorias e Serviço — e do ISSQN — Imposto Sobre Serviços de Qualquer Natureza — que incidem nas operações. Só assim será possível calcular os tributos incidentes nos produtos e serviços, além de identificar os impostos e as contribuições mais significativas na carga tributária da sociedade empresarial.

Alguns tributos compõem a tributação indireta e têm incidência em seu processo produtivo, com o ônus do recolhimento repassado para o consumidor final.

É o que ocorre, por exemplo, com o ICMS e o IPI (Imposto sobre Produtos Industrializados). Essa incidência tributária reflete diretamente no custo de produção, enquanto as demais contribuições e impostos serão calculados sobre o valor do faturamento e têm impacto na determinação do lucro operacional da sociedade empresarial, compondo a tributação direta. Eles são representados pelo IRPJ (Imposto de Renda Pessoa Jurídica) e pela CSLL (Contribuição Social sobre o Lucro Líquido).

O planejamento tributário é a determinação operacional de uma série de procedimentos, conhecidos como maneiras de economizar imposto, e é uma necessidade imediata para todos os contribuintes, tanto para pessoas jurídicas como para pessoas físicas. Seu intuito é permitir a elaboração e o planejamento com bases técnicas de planos e programas, com o objetivo de avaliar a melhor forma de apurar e recolher os tributos e as contribuições. Além disso, compõe a gestão fiscal e tributária com base nas oportunidades de redução da carga tributária, atendendo à legislação da área no sentido de evitar riscos ou desembolsos desnecessários.

Logo, o planejamento tributário não é apenas uma estratégia de redução da carga tributária, mas também um dever previsto, inclusive, no Artigo 1.011 do Código Civil, na Lei n.º 10.406/2002:

"O administrador da sociedade deverá ter, no exercício de suas funções, o cuidado e a diligência que todo homem ativo e probo costuma empregar na administração de seus próprios negócios".

Um planejamento tributário inadequado pode resultar em evasão fiscal, que é a prática de reduzir a carga tributária por meios ilegais e constitui crime de sonegação fiscal.

Por outro lado, a elisão fiscal é uma prática legítima, utilizada para reduzir tributos de forma estratégica e dentro dos limites da lei.

A principal diferença entre elisão fiscal (lícita) e evasão fiscal (ilícita) está na abordagem. A evasão envolve ocultação ou disfarce de informações para impedir que o Fisco tenha conhecimento do fato gerador. Já a elisão consiste em utilizar meios legais para evitar que o fato gerador da obrigação tributária ocorra, mantendo-se em conformidade com a legislação vigente.

1.1. A diferença entre elisão fiscal e evasão fiscal

Como exposto anteriormente, a elisão fiscal é uma prática legítima e estratégica, utilizada por empresas e indivíduos para minimizar a carga tributária, aproveitando as brechas e incentivos previstos na legislação. Diferentemente da evasão fiscal, que é uma prática ilegal e envolve a sonegação de impostos, a elisão fiscal opera dentro dos limites legais.

As estratégias legalizadas usadas na elisão fiscal reduzem a carga tributária, porém, para isso, é preciso um planejamento tributário bem definido. Enquanto a evasão fiscal manipula informações para evitar o pagamento de impostos, configurando-se em uma prática criminosa, com penalidades civis e criminais.

Dessa maneira, podemos dividir as duas práticas em suas definições, legalidade e métodos, com exemplos, a seguir:

1. **Elisão Fiscal:**

- **Definição:** Uso de estratégias legais para reduzir a carga tributária.
- **Legalidade:** Totalmente legal, conforme a legislação vigente.
- **Métodos:** Planejamento tributário, aproveitamento de incentivos fiscais, reorganização societária, entre outros.
- **Exemplo:** Estabelecer uma empresa em uma Zona de Livre Comércio (ZLC) para aproveitar benefícios fiscais.

2. **Evasão Fiscal:**

- **Definição:** Prática ilegal de omissão ou manipulação de informações para evitar o pagamento de impostos.
- **Legalidade:** Ilegal e sujeita a penalidades civis e criminais.
- **Métodos:** Sonegação de receitas, falsificação de documentos, não declaração de impostos devidos, entre outros.
- **Exemplo:** Não registrar vendas para evitar o pagamento de impostos sobre essas transações.

1.2. Utilização da elisão fiscal: normas legais e estratégias

Para utilizar a elisão fiscal de maneira eficaz e dentro da legalidade, é necessário seguir certas normas e práticas previstas na legislação, como o já citado planejamento tributário.

Abaixo, são apresentadas algumas estratégias comuns no seu uso e normas legais que as amparam:

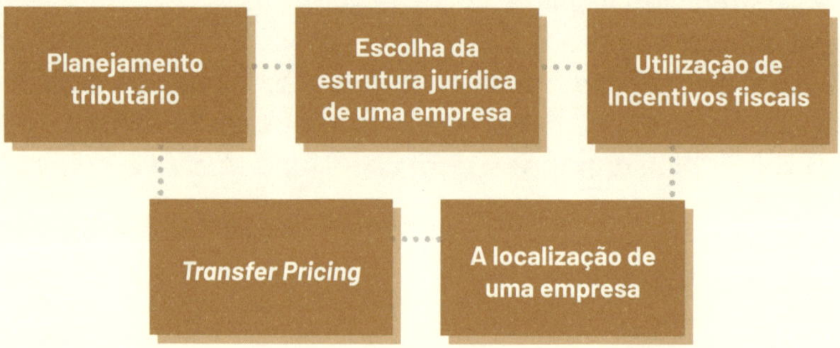

1. Planejamento tributário:

Como citado anteriormente, é a reorganização das atividades empresariais, a fim de aproveitar os benefícios fiscais. É amparado pela Lei n.º 9.249/1995, que permite a dedução de despesas operacionais necessárias às atividades da empresa.

Um exemplo de seu uso é planejar a forma de distribuir os lucros, e assim reduzir a carga tributária sobre dividendos.

2. Escolha da estrutura jurídica de uma empresa:

Caso opte por uma estrutura jurídica, como Microempresa (ME) ou Empresa de Pequeno Porte (EPP), deve-se optar pela que oferece uma menor carga tributária.

No Código Civil, a estrutura jurídica é prevista pela Lei n.º 10.406/2002, que especifica a legislação para cada tipo de empresa. Por exemplo, para se beneficiar do Simples Nacional, deve-se optar por ser ME ou EPP, como consta na Lei Complementar n.º 123/2006.

3. Utilização de incentivos fiscais:

Os incentivos fiscais servem para aproveitar deduções, isenções e créditos fiscais oferecidos pelo governo.

Há diversas leis federais, estaduais e municipais que oferecem incentivos fiscais específicos. Como a Lei do Bem, conhecida como Lei n.º 11.196/2005, que oferece incentivos fiscais para quem investe em projetos de inovação.

4. Transfer Pricing:

O *transfer pricing* ("preços de transferência", em tradução literal) é uma maneira de ajustar os preços das transações internas entre empresas de um mesmo grupo, para aproveitar as diferenças nas alíquotas de imposto entre países.

É uma maneira de definir preços para transações internacionais e, assim, maximizar a eficiência fiscal. A Instrução Normativa RFB n.º 1.312/2012 é que estabelece as regras dos preços de transferência.

5. A localização de uma empresa:

Escolher uma localização estratégica para uma empresa ajuda a estabelecer operações em jurisdições com incentivos fiscais ou menor carga tributária. Um exemplo é abrir uma filial em uma Zona de Livre Comércio, como a Zona Franca de Manaus. Há legislações específicas em cada Zona de Livre Comércio ou paraíso fiscal.

Como visto, quando a elisão fiscal é praticada de forma correta e dentro dos limites da lei, é uma ferramenta legítima para reduzir a carga tributária de empresas e indivíduos.

É FUNDAMENTAL QUE AS ESTRATÉGIAS DE ELISÃO FISCAL SEJAM BEM PLANEJADAS E ESTEJAM EM CONFORMIDADE COM A LEGISLAÇÃO VIGENTE, PARA EVITAR PROBLEMAS LEGAIS E REPUTACIONAIS A UMA INSTITUIÇÃO.

Há mais algumas recomendações para utilizar a elisão fiscal de maneira eficaz e segura:

- Consultar especialistas em direito tributário.
- Realizar um planejamento tributário detalhado.
- Manter-se atualizado sobre as mudanças na legislação fiscal.
- Documentar todas as operações e decisões relacionadas à elisão fiscal para garantir conformidade e transparência.

Uma compreensão clara das práticas de elisão fiscal — e suas diferenças em relação à evasão fiscal promove a utilização de estratégias legais e éticas na gestão tributária.

1.3. Normas, meios e caminhos para o planejamento tributário

Como já explicitado, para se ter uma gestão eficiente dos tributos, é preciso ter um planejamento tributário que vise minimizar a carga tributária de forma legal, utilizando-se das diversas opções previstas na legislação.

As principais normas que regulam o planejamento tributário no Brasil incluem (alguns já vistos previamente):

I. A Constituição Federal de 1988, que define os princípios gerais do sistema tributário nacional.

II. O Código Tributário Nacional (Lei n.º 5.172/1966), que estabelece as normas gerais sobre tributação e relação jurídico-tributária.

III. A Lei n.º 9.249/1995, que dispõe sobre a dedutibilidade de despesas operacionais e outras normas relacionadas ao Imposto de Renda das Pessoas Jurídicas (IRPJ).

IV. A Lei Complementar n.º 123/2006, que institui o Estatuto Nacional da Microempresa e da Empresa de Pequeno Porte (Simples Nacional).

V. A Lei n.º 11.196/2005 (Lei do Bem), que cria incentivos fiscais para a inovação tecnológica.

VI. A Instrução Normativa RFB n.º 1.312/2012, que estabelece as regras de preços de transferência.

JÁ OS PRINCIPAIS MEIOS PARA A SUA IMPLEMENTAÇÃO SÃO:

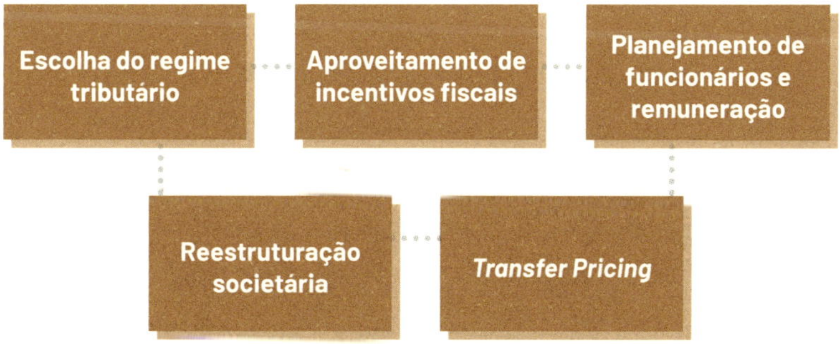

1. Escolha do regime tributário:

A escolha do regime tributário adequado pode resultar em uma significativa economia tributária. Foi implementado pela Lei n.º 9.249/1995 e Lei Complementar n.º 123/2006.

Há algumas opções de regimes para cada tipo de empresa, como Lucro Real, indicado para empresas com margens reduzidas ou grandes despesas dedutíveis; Lucro Presumido, ideal para empresas com margens de lucro elevadas e poucas despesas dedutíveis; e Simples Nacional, destinado às micro e pequenas empresas, simplificando a apuração e o recolhimento de tributos.

2. Aproveitamento de incentivos fiscais:

Utilizar os incentivos fiscais oferecidos pelo governo é uma boa maneira de reduzir a carga tributária. Há leis específicas para cada incentivo, que são: Lei do Bem, lei que beneficia empresas que investem em inovação tecnológica; Lei Rouanet (Lei n.º 8.313/1991), que incentiva investimentos em cultura; e Lei do Audiovisual (Lei n.º 8.685/1993), que dá benefícios fiscais para a produção audiovisual.

3. Planejamento de funcionários e remuneração:

Planejar e estruturar a remuneração dos funcionários otimiza a carga tributária, tudo de acordo com a Lei n.º 10.101/2000 (PLR) e outras regulamentações específicas.

Os principais benefícios dessa estruturação previstos por lei são a PLR (Participação nos Lucros ou Resultados), que é um benefício fiscal na remuneração variável, e os vales alimentação e transporte, que são benefícios não tributáveis.

4. Reestruturação societária:

Reorganizar a estrutura de uma empresa para obter benefícios fiscais, como previsto no Código Civil (Lei n.º 10.406/2002) e na legislação tributária específica.

Duas formas de reestruturar uma empresa são com a fusão e aquisição, que traz um potencial de redução de tributos sobre as operações, e a criação de *holdings*, que dá proteção patrimonial e otimização fiscal.

5. *Transfer Pricing:*

Ajustar os preços de transferência entre empresas de um mesmo grupo e assim aproveitar as diferenças nas alíquotas de imposto entre países, como prevê a Instrução Normativa RFB n.º 1.312/2012.

Isso porque a definição de preços de transferência maximizam a eficiência fiscal.

1.4 Aplicação do planejamento tributário

Foram vistos as normas e os meios para se realizar um planejamento tributário, agora, leitor, é preciso colocá-lo em prática.

Para fazer uma aplicação eficaz do planejamento tributário, é preciso de:

1. **Diagnóstico e análise preliminar:**
   - Realizar uma análise detalhada da situação fiscal atual da empresa.
   - Identificar as oportunidades da economia tributária e os riscos associados.
2. **Definição de metas e objetivos:**
   - Estabelecer metas claras de redução da carga tributária.
   - Definir indicadores de desempenho para monitorar os resultados do planejamento tributário.
3. **Elaboração do plano de ação:**
   - Desenvolver um plano detalhado com as estratégias de elisão fiscal a serem adotadas.
   - Incluir um cronograma de implementação e responsabilidades.
4. **Implementação das estratégias:**
   - Executar as ações previstas no plano de ação.

- Monitorar constantemente a conformidade com as normas legais e regulatórias.

5. **Avaliação e ajustes:**

- Avaliar periodicamente os resultados obtidos.
- Ajustar as estratégias conforme necessário para maximizar os benefícios fiscais.

6. **Documentação e transparência:**

- Manter registros detalhados de todas as decisões e ações relacionadas ao planejamento tributário.
- Garantir a transparência e conformidade com as exigências legais.

Resumidamente, o planejamento tributário, quando bem estruturado e executado, é uma poderosa ferramenta para a redução da carga tributária e para a melhoria da eficiência fiscal de uma empresa.

Seguir as normas legais e utilizar as estratégias adequadas podem resultar em economias significativas, contribuindo para a saúde financeira de uma empresa.

02

DIREITO TRIBUTÁRIO E **DISCIPLINA JURÍDICA DOS TRIBUTOS**

O direito tributário é o ramo do direito público que regula as relações jurídicas entre o Estado e os seus contribuintes, referentes à instituição, fiscalização e arrecadação de tributos.

Para fornecer uma visão abrangente e detalhada sobre o tema ao leitor, o capítulo traz os principais aspectos do direito tributário, suas normas fundamentais e a disciplina jurídica dos tributos.

2.1. Fundamentos do direito tributário

O direito tributário é fundamentado na Constituição Federal de 1988 e no Código Tributário Nacional (CTN). Pela Constituição de 1988, baseia os seus princípios constitucionais na legalidade tributária (Art. n.º 150, I), na anterioridade (Art. n.º 150, III, 'b'), na irretroatividade (Art. n.º 150, III, 'a'), na capacidade contributiva (Art. n.º 145, §1º), na isonomia (Art. 150, II), entre outros princípios que serão desenvolvidos posteriormente.

A distribuição de sua competência tributária é feita com a intenção de instituir tributos entre União, Distrito Federal, estados e municípios, segundo os Arts. 145-156.

O Código Tributário Nacional (CTN) consolida as normas gerais do direito tributável aplicadas no Brasil por meio da Lei **n.º 5.172/1966**. O CTN define os tributos, as normas de obrigação tributária, a administração tributária e as normas gerais de interpretação tributária.

2.2. A disciplina jurídica dos tributos e seus princípios

Os tributos podem ser definidos como prestações pecuniárias compulsórias, instituídas por lei e que não constituem sanção por ato ilícito e são cobradas mediante atividade administrativa plenamente vinculada. Assim, os tributos podem ser classificados em impostos, taxas, contribuições de melhoria, contribuições especiais e empréstimos compulsórios.

Desta maneira, o imposto é um tributo cuja obrigação tem por fato gerador uma situação independente de qualquer atividade estatal específica relativa ao contribuinte.

Os maiores exemplos de imposto são IR (Imposto de Renda), ICMS (Imposto sobre Circulação de Mercadorias e Serviços) e ISS ou ISSQN (Imposto Sobre Serviços de Qualquer Natureza).

Já as taxas têm como fato gerador o exercício regular do poder de polícia ou a utilização, efetiva ou potencial, de serviço público específico e divisível. Esse serviço é prestado ao contribuinte ou posto à sua disposição. Alguns exemplos são a Taxa de Coleta de Lixo (TCL) e a Taxa de Licenciamento Ambiental (TLA).

As **contribuições de melhoria** são instituídas para fazer frente ao custo de obras públicas das quais decorram valorização imobiliária. Um exemplo é a pavimentação de ruas.

Enquanto as **contribuições especiais** são destinadas ao financiamento de atividades específicas ou ao custeio de interesses específicos de determinada categoria de contribuintes.

Podem ser contribuições sociais (INSS - Instituto Nacional do Seguro Social), de intervenção no domínio econômico (Cide - Contribuição de Intervenção no Domínio Econômico) e de interesse de categorias profissionais (Crea- Conselho Regional de Engenharia e Agronomia).

Outro tributo são os empréstimos compulsórios, que são instituídos em situações emergenciais ou de relevante interesse nacional. Tem como obrigação a devolução ao contribuinte, como o empréstimo compulsório para calamidade pública.

Como dito, o direito tributário também possui princípios, que podem ser o da legalidade, anterioridade, irretroatividade, isonomia, capacidade contributiva e não confisco.

ABAIXO, PODEMOS VER A DEFINIÇÃO DE CADA UM:

1. Princípio da legalidade:

No princípio da legalidade, nenhum tributo será instituído ou aumentado sem que a lei o estabeleça (Art. n.º 150, I, CF). É um princípio que assegura que apenas a lei pode criar obrigações tributárias, garantindo segurança jurídica.

2. Princípio da anterioridade:

A anterioridade proíbe a cobrança de tributos no mesmo exercício financeiro em que lenha sido publicada a lei que os instituiu ou aumentou (Art. n.º 150, III, 'b', CF). Impede que os contribuintes sejam surpreendidos por novas exações fiscais, sem tempo para se ajustar.

3. Princípio da irretroatividade:

Com o princípio da irretroatividade, a lei tributária não pode retroagir para alcançar fatos geradores ocorridos antes de sua vigência (Art. n.º 150, III, 'a', CF). Garante previsibilidade e estabilidade nas relações tributárias.

4. Princípio da isonomia:

Como diz a Constituição, todos são iguais perante a lei, sem distinção de qualquer natureza (Art. n.º 150, II, CF). Então a isonomia impõe tratamento igualitário a todos os contribuintes que se encontram em situação equivalente.

5. Princípio da capacidade contributiva:

De acordo com a capacidade contributiva, os tributos devem ser graduados conforme a capacidade econômica do contribuinte (Art. n.º 145, §1º, CF). Assegura que a tributação seja justa e proporcional à capacidade de pagamento dos contribuintes.

6. Princípio do não confisco:

Pela Constituição, é vedado utilizar tributo com efeito de confisco (Art. n.º 150, IV, CF). Assim, o não confisco garante que a tributação não comprometa a existência econômica do contribuinte.

2.3. Aplicação e conformidade legal do direito tributário

A criação de tributos deve respeitar os princípios constitucionais e ser implementada por meio de leis específicas. Sendo assim, os entes federativos (União, Distrito Federal, estados e municípios) devem observar suas competências constitucionais ao instituir os tributos.

As principais obrigações tributárias surgem do fato gerador previsto na legislação; enquanto as acessórias consistem em deveres instrumentais, como emissão de notas fiscais e prestação de informações ao Fisco.

E para manter uma administração tributária de acordo com a legislação é necessária que a fiscalização, a arrecadação e a cobrança dos tributos sejam exercidas com transparência e respeito aos direitos dos contribuintes. Isso porque os procedimentos administrativos fiscais estão regulamentados no CTN e nas normas infralegais expedidas pelos órgãos fazendários.

Então a defesa dos contribuintes está assegurada pelo devido processo legal, já que os litígios tributários podem ser resolvidos na esfera administrativa por meio dos Conselhos de Contribuintes. Na esfera judicial são resolvidos pelo Poder Judiciário. Os litígios tributários possuem ampla defesa e contraditório.

Para garantir a correta aplicação do direito tributário, há algumas recomendações:

I. Manter-se atualizado sobre as mudanças na legislação tributária.
II. Consultar regularmente especialistas em direito tributário e contabilidade.
III. Implementar um sistema de compliance tributário eficaz para assegurar o direito tributário com as normas legais e evitar litígios desnecessários.

Desse modo, com suas normas e princípios, o direito tributário traz disciplina à instituição e faz a cobrança e a fiscalização dos tributos de maneira a assegurar a justiça fiscal e a segurança jurídica nas relações entre o Estado e os contribuintes. A conformidade legal no campo tributário exige um conhecimento detalhado da legislação aplicável e uma aplicação rigorosa dos princípios constitucionais e legais.

2.4. Conceitos de tributos fiscais e parafiscais

Entender os conceitos de tributos fiscais e parafiscais é essencial para realizar uma gestão tributária eficaz e otimizar a carga tributária. E esta seção faz uma análise detalhada dos conceitos de tributos fiscais e parafiscais, explicando suas diferenças e como os contribuintes podem obter vantagens em ambas as modalidades, como, por exemplo, aproveitar isenções e restituições de impostos.

Os tributos fiscais são destinados a financiar as despesas gerais do Estado. São utilizados para a manutenção das funções essenciais do governo, como segurança, saúde, educação e infraestrutura.

Possui como base legal a Constituição Federal de 1988, Art. n.º 145 e seguintes. Alguns exemplos de tributos fiscais são:

- **Imposto de Renda** (IR): Lei n.º 7.713/1988, Lei n.º 9.250/1995;
- **Imposto sobre Circulação de Mercadorias e Serviços** (ICMS): Lei Complementar n.º 87/1996;

- **Imposto sobre Produtos Industrializados** (IPI): Decreto-Lei n.º 37/1966;
- **Imposto Sobre Serviços** (ISS): Lei Complementar n.º 116/2003.

Os tributos parafiscais — com base legal na Constituição Federal de 1988, Art. n.º 149 — são arrecadados pelo Estado, mas destinados a financiar atividades específicas ou entidades determinadas. Geralmente, são criados para atender a interesses específicos de certas categorias ou setores da sociedade.

OS EXEMPLOS DE TRIBUTOS PARAFISCAIS SÃO:

- **Contribuições sociais** (INSS, PIS, Cofins): Lei n.º 8.212/1991 (INSS), Lei Complementar n.º 7/1970 (PIS), Lei n.º 10.637/2002 (Cofins).
- **Contribuições de intervenção no domínio econômico** (Cide): Lei n.º 10.336/2001.
- **Contribuições de interesse de categorias profissionais** (contribuição sindical): Consolidação das Leis do Trabalho (CLT), Art. n.º 578 e seguintes.

Há também vantagens para o contribuinte em ambas as modalidades. No planejamento tributário, por exemplo, com os tributos fiscais, aproveitam-se as deduções permitidas por lei, como despesas operacionais (Lei n.º 9.249/1995) e investimentos em pesquisa e desenvolvimento — P&D (Lei n.º 11.196/2005). Isso acontece caso o contribuinte opte pelo Lucro Real, Lucro Presumido ou Simples Nacional, conforme a estrutura e as atividades da empresa.

Já com os parafiscais, podem-se utilizar os incentivos fiscais específicos, como os oferecidos pela Lei do Bem (Lei n.º 11.196/2005) para P&D ou os benefícios para micro e pequenas empresas no âmbito do Simples Nacional (Lei Complementar n.º 123/2006).

As isenções e benefícios fiscais podem ser aproveitados para reduzir a carga tributária, como prevista na legislação, no Art. n.º 150, §6º, da Constituição de 1988. Então, com os tributos fiscais, consegue-se isenção de ICMS para produtos exportados (Lei Complementar n.º 87/1996, Art. 3º, II), isenção de IPI para determinados produtos (Decreto-Lei n.º 37/1966, Art. n.º 15, §1º) e incentivos fiscais regionais (ex.: Zona Franca de Manaus - Decreto-Lei n.º 288/1967).

Com os parafiscais, há isenção de contribuições sociais para entidades filantrópicas (Lei n.º 12.101/2009), redução de alíquotas de PIS e Cofins para determinados setores (ex.: Programa de Alimentação do Trabalhador – PAT, Lei n.º 6.321/1976).

De acordo com o CTN (Art. n.º 165 e seguintes), os tributos fiscais e parafiscais também têm vantagens na recuperação de tributos pagos indevidamente por meio de procedimentos administrativos ou judiciais.

Pode-se realizar a solicitação de restituição ou compensação de IRPJ, CSLL, ICMS, IPI pagos indevidamente ou a maior (CTN, Art. n.º 170) com os tributos fiscais. Enquanto que com os tributos parafiscais, pode-se realizar a recuperação de contribuições sociais, como INSS, PIS e Cofins pagos indevidamente ou a maior (Lei n.º 8.383/1991, Art. n.º 66).

2.5. Procedimentos para o aproveitamento de isenções e restituições

É possível realizar um diagnóstico detalhado das operações de uma empresa para identificar potenciais isenções e benefícios fiscais aplicáveis. Para isso, deve-se consultar a legislação vigente e regulamentos específicos para verificar as condições e requisitos necessários — com base na Constituição Federal de 1988, Art. n.º 150, §6º.

Para implementar um sistema de compliance tributário — garantindo conformidade com a legislação e evitar penalidades —, é preciso manter uma documentação rigorosa e precisa de todas as operações fiscais e parafiscais, de acordo com o Código Tributário Nacional (CTN), Arts. 113 º e 114 º.

É também preciso fazer uma diferenciação entre restituição e compensação de tributos, importante para entender mais a questão tratada. A restituição — segundo o Código Tributário Nacional (CTN), Art. 165 º e seguintes — é solicitar a devolução de tributos pagos indevidamente junto à Receita Federal ou a órgãos fazendários estaduais e municipais, apresentando documentação comprobatória.

Já a compensação utiliza créditos tributários para compensar débitos futuros, como previsto na legislação, segundo o Código Tributário Nacional (CTN), Art. 170 º. Então é preciso contar com a consultoria de especialistas em direito tributário e contabilidade para orientar na identificação e aproveitamento de benefícios fiscais e na recuperação de tributos pagos indevidamente.

É preciso acompanhar as decisões judiciais e administrativas que possam impactar os direitos do contribuinte em relação a tributos fiscais e parafiscais, como diz a Constituição Federal de 1988, Art. 5º, XXXV (acesso à Justiça).

Assim, os tributos fiscais e parafiscais possuem características e finalidades distintas, mas ambos oferecem oportunidades para o planejamento tributário e a otimização da carga tributária dos contribuintes.

COM UM PLANEJAMENTO TRIBUTÁRIO EFICAZ, É POSSÍVEL APROVEITAR ISENÇÕES, BENEFÍCIOS FISCAIS E RECUPERAR TRIBUTOS PAGOS INDEVIDAMENTE, RESULTANDO EM SIGNIFICATIVAS ECONOMIAS FINANCEIRAS.

Para maximizar as vantagens tributárias, recomenda-se:

I. Realizar um diagnóstico detalhado da situação tributária da empresa.

II. Identificar todas as isenções e benefícios fiscais aplicáveis.

III. Implementar um sistema de compliance tributário eficaz.

IV. Consultar regularmente especialistas em direito tributário e contabilidade.

V. Monitorar constantemente a legislação tributária e as decisões judiciais e administrativas.

Portanto, com os conceitos de tributos fiscais e parafiscais, os contribuintes conseguem vantagens e podem obtê-los por meio de um planejamento tributário adequado e o aproveitamento de isenções e restituições de impostos.

2.6. Estratégias tributárias para melhorar as despesas dos contribuintes na legalidade

A implementação de estratégias tributárias, dentro da legalidade, pode resultar em significativas economias e melhor eficiência financeira para empresas e indivíduos. Algumas estratégias e suas bases legais são:

1. Escolha do regime tributário

Escolher um bom regime tributário é mais vantajoso para as empresas, considerando suas características e atividades, de acordo com as leis n.º 9.718/1998 e n.º 9.249/1995, e a Lei Complementar n.º 123/2006.

Por exemplo, empresas com grandes despesas dedutíveis podem se beneficiar do Lucro Real, deduzindo todas as despesas operacionais. Enquanto empresas com margens de lucro previsíveis, e menores despesas operacionais, podem optar pelo Lucro Presumido para simplificar a apuração de impostos. Micro e pequenas empresas podem aderir ao Simples Nacional para simplificar o pagamento de tributos e reduzir a carga tributária.

2. Aproveitamento de incentivos fiscais

Utilizar incentivos fiscais oferecidos pelo governo para determinadas atividades e investimentos é uma boa maneira de aproveitá-los, tendo bases legais na Lei n.º 11.196/2005 (Lei do Bem), Lei n.º 8.248/1991 (Lei de Informática) e Lei n.º 9.440/1997 (incentivos fiscais para a indústria automotiva).

Empresas que investem em pesquisa e desenvolvimento podem usufruir de benefícios fiscais previstos na Lei do Bem, como a dedução de despesas de P&D da base de cálculo do IRPJ e CSLL. A Lei de Informática oferece incentivos fiscais para empresas que investem em inovação tecnológica, como a redução de IPI. E empresas do setor automotivo podem se beneficiar de reduçoes de impostos previstos na Lei n.º 9.440/1997.

3. Reorganização societária

De acordo com o Código Civil (Lei n.º 10.406/2002) e a Lei das Sociedades por Ações (Lei n.º 6.404/1976), estruturar uma empresa de forma a otimizar a carga tributária, aproveitando regimes fiscais mais vantajosos, é necessária uma reorganização societária. Reorganizar a empresa através de cisões ou fusões para aproveitar melhor os incentivos fiscais e deduções permitidas, por exemplo.

Também pode constituir *holdings* e assim concentrar a administração de várias empresas, aproveitando benefícios fiscais específicos para estruturas societárias maiores.

4. Utilização de prejuízos fiscais

Compensar prejuízos fiscais acumulados em exercícios anteriores reduz a base de cálculo dos tributos., segundo a Lei n.º 9.065/1995, Art. 15.

Empresas podem compensar até 30% do lucro líquido ajustado de um exercício com prejuízos fiscais de exercícios anteriores, reduzindo assim o IRPJ e a CSLL devidos.

5. Planejamento patrimonial e sucessório

Para minimizar a tributação sobre heranças e doações — como diz o Código Civil (Lei n.º 10.406/2002), legislação estadual sobre ITCMD (Imposto sobre Transmissão Causa Mortis e Doação) —, é preciso estruturar a propriedade de bens e a sucessão dos negócios.

Um exemplo é realizar doações em vida para reduzir o impacto do ITCMD. Também *holdings* familiares podem ser criadas para administrar bens e sucessões de maneira eficiente e com menor carga tributária.

6. Aproveitamento de isenções e benefícios regionais

Estabelecer operações em regiões com incentivos fiscais específicos é uma boa maneira de aproveitar isenções e benefícios fiscais — Decreto-Lei n.º 288/1967 (Zona Franca de Manaus) e Lei n.º 8.387/1991 (Áreas de Livre Comércio).

Desta maneira, empresas estabelecidas na Zona Franca de Manaus podem usufruir de isenções de IPI e da redução de Imposto de Importação, por exemplo. Aproveitar isenções fiscais em áreas de livre comércio também reduz custos operacionais.

7. Compensação de tributos pagos indevidamente

Segundo o Código Tributário Nacional (CTN), Art. 165 e seguintes, tributos pagos a maior ou indevidamente podem ser recuperados. Deve-se solicitar a restituição ou a compensação de tributos pagos indevidamente, como IRPJ, CSLL, ICMS e IPI, por meio de processos administrativos ou judiciais.

HÁ TAMBÉM ALGUNS PROCEDIMENTOS PARA IMPLEMENTAR AS ESTRATÉGIAS TRIBUTÁRIAS:

1. Diagnóstico e análise fiscal

É realizar um diagnóstico detalhado da situação tributária da empresa ou do indivíduo, para assim identificar as oportunidades de economia fiscal e os riscos existentes.

2. Desenvolvimento do planejamento tributário

Deve-se elaborar um plano estratégico de elisão fiscal, considerando as normas legais e a viabilidade econômica. Podem-se simular cenários e projetar os impactos financeiros das estratégias planejadas.

3. Execução e monitoramento

Para implementar as ações planejadas, garantindo a conformidade com a legislação, deve-se monitorar continuamente a eficácia das estratégias de planejamento tributário.

4. Consultoria e compliance

É importante se manter atualizado sobre mudanças na legislação tributária e consultar regularmente especialistas em direito tributário e contabilidade, para garantir a conformidade e a eficácia das estratégias.

As estratégias tributárias apresentadas visam à otimização das despesas dos contribuintes dentro da legalidade, utilizando as bases legais vigentes.

Para maximizar as vantagens tributárias, recomenda-se:

I. Realizar um diagnóstico detalhado da situação tributária.
II. Desenvolver um plano estratégico com base nas normas vigentes.
III. Implementar as ações planejadas com rigor e documentação adequada.
IV. Monitorar e ajustar as estratégias conforme necessário.
V. Consultar regularmente especialistas em direito tributário e contabilidade.

2.7. Obrigações *Ex lege*

Há estratégias tributárias que ajudam a melhorar as despesas dos contribuintes, promovendo a legalidade e a eficiência fiscal, como, por exemplo, as obrigações *Ex lege*.

As obrigações Ex lege são aquelas que nascem diretamente da lei, independentemente, da vontade das partes envolvida, não é preciso um acordo prévio.

São fundamentais no ordenamento jurídico, pois visam garantir a observância de normas que protegem o interesse público e a justiça social.

Essas obrigações têm por objetivo regular situações de interesse coletivo, proteger direitos fundamentais e assegurar o cumprimento de deveres estabelecidos pela legislação. Seguem o Código Civil (Lei n.º 10.406/2002), Art. 187, que trata do abuso de direito e da responsabilidade civil, e o Art. 927, que estabelece a obrigação de reparar o dano causado por ato ilícito.

Também seguem a Constituição Federal de 1988, em vários artigos, incluindo o Art. 5º, que trata dos direitos e deveres individuais e coletivos; e o Art. 37, que aborda a legalidade e a moralidade na administração pública.

ALGUNS EXEMPLOS DE OBRIGAÇÕES *EX LEGE* SÃO:

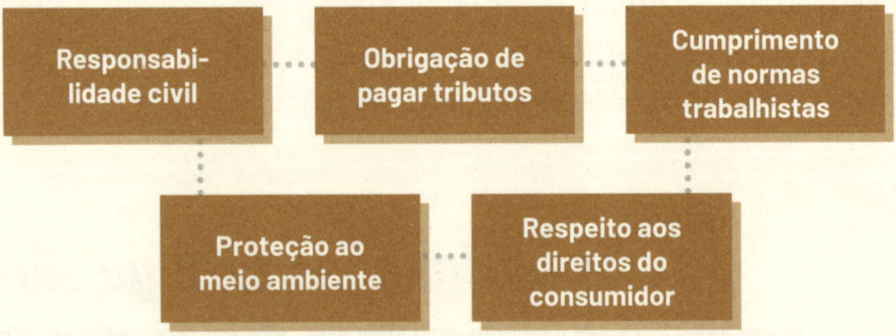

1. Responsabilidade civil:

É a obrigação de reparar danos causados a terceiros, decorrente de ato ilícito ou do risco criado pela atividade, segundo o Código Civil, Art. 927.

Um motorista que, ao dirigir imprudentemente, causa um acidente de trânsito, tem a obrigação de indenizar a vítima pelos danos materiais e morais sofridos.

2. Obrigação de pagar tributos:

A obrigação de pagar tributos instituídos pela legislação fiscal, é baseada na lei da Constituição Federal, Art. 145, e Código Tributário Nacional (CTN), Art. 113.

São os tributos que financiam os serviços públicos e as políticas sociais do Estado. Um exemplo, é a obrigação de pagar o Imposto sobre a Propriedade Predial e Territorial Urbana (IPTU) pelo proprietário de um imóvel.

3. Cumprimento de normas trabalhistas:

É a obrigação de observar as normas estabelecidas pela legislação trabalhista para proteger os direitos dos trabalhadores, de acordo com a Consolidação das Leis do Trabalho (CLT), Art. 2º e seguintes.

É obrigação do empregador pagar o salário-mínimo, conceder férias anuais e recolher o Fundo de Garantia do Tempo de Serviço (FGTS).

4. **Proteção ao meio ambiente:**

De acordo com a Constituição Federal, Art. 225, e Lei n.º 6.938/1981 (Política Nacional do Meio Ambiente), é a obrigação de adotar práticas que preservem o meio ambiente, evitando a degradação ambiental e promovendo o desenvolvimento sustentável.

As empresas industriais, por exemplo, devem tratar seus resíduos antes de despejá-los no meio ambiente, conforme as normas ambientais vigentes.

5. **Respeito aos direitos do consumidor:**

O Código de Defesa do Consumidor (Lei n.º 8.078/1990) observa as normas de proteção ao consumidor, garantindo a segurança, a informação adequada e a reparação de danos.

Assim, é a obrigação de um fabricante substituir um produto com defeito ou reembolsar o consumidor, conforme o Art. 18 do CDC.

E COM ESSAS OBRIGAÇÕES, HÁ BENEFÍCIOS PARA QUEM AS PRATICA:

1. **Segurança jurídica:**

Cumprir as obrigações *Ex lege* oferece segurança jurídica ao contribuinte, garantindo que suas atividades estejam em conformidade com a legislação e evitando litígios.

A segurança jurídica tem como base o Art. 5°, II ("ninguém será obrigado a fazer ou deixar de fazer alguma coisa senão em virtude de lei"), da Constituição Federal.

2. **Credibilidade e reputação:**

No princípio da função social do contrato (Código Civil, Art. 421), empresas que cumprem rigorosamente suas obrigações legais tendem a ter uma melhor reputação no mercado, o que pode resultar em vantagens competitivas.

3. **Benefícios fiscais e incentivos:**

O cumprimento das obrigações fiscais pode possibilitar o acesso a incentivos e benefícios fiscais, como deduções, isenções e créditos tributários. Isso de acordo com as leis n.º 11.196/2005 (Lei do Bem) e n.º 8.248/1991 (Lei de Informática).

4. **Prevenção de sanções:**

Segundo o Código Civil, Art. 389 ("indenização por perdas e danos") e o Código Penal ("crimes e contravenções"), cumprir as obrigações *Ex lege* previne a aplicação de sanções civis, administrativas e penais, que podem incluir multas, suspensão de atividades e, até mesmo, responsabilidade criminal.

5. **Acesso a recursos públicos e contratos governamentais:**

A Lei n.º 8.666/1993 (Lei de Licitações e Contratos), Art. 27, garante que empresas em conformidade com suas obrigações legais tenha melhores condições para participar de licitações e contratos públicos.

ASSIM COMO HÁ, TAMBÉM, AS IMPLICAÇÕES JURÍDICAS DAS OBRIGAÇÕES *EX LEGE*:

1. **Exigibilidade e coercibilidade:**

As obrigações *Ex lege* são exigíveis independentemente da vontade das partes e podem ser cobradas judicialmente em caso de descumprimento, de acordo com o Código Civil, Art. 389 ("inadimplemento das obrigações") e Art. 394 ("mora").

2. **Sanções pelo descumprimento:**

O não cumprimento das obrigações *Ex lege* pode resultar em sanções civis, administrativas e penais, conforme a natureza da obrigação e da legislação aplicável.

Como, por exemplo, os códigos Civil Art. 389 ("indenização por perdas e danos") e Penal ("crimes e contravenções"), e legislação específica (ex.: Lei de Crimes Ambientais, Lei n.º 9.605/1998).

3. **Direito à reparação:**

Com os Códigos Civil, Art. 927 ("responsabilidade civil") e de Defesa do Consumidor, Art. 6º ("direitos básicos do consumidor"), as partes lesadas pelo descumprimento de obrigações *Ex lege* têm o direito de buscar reparação pelos danos sofridos, por meio de ações judiciais ou procedimentos administrativos.

Logo, para garantir o cumprimento das obrigações *Ex lege* e aproveitar os benefícios associados, recomenda-se:

I. **Consultoria jurídica**: manter-se informado sobre as obrigações legais específicas que se aplicam às suas atividades, consultando regularmente advogados especializados.

II. **Compliance**: implementar programas de compliance para monitorar e assegurar o cumprimento das normas legais.
III. **Educação e treinamento**: promover a educação e o treinamento contínuos sobre as obrigações legais para todos os colaboradores da organização.
IV. **Monitoramento e auditoria**: realizar auditorias periódicas para identificar e corrigir eventuais descumprimentos das obrigações legais.

Portanto, as obrigações *Ex lege* desempenham um papel crucial na regulação de comportamentos e na proteção de interesses coletivos e individuais, assegurando a observância das normas estabelecidas pela legislação. Cumpri-las não só evita sanções, mas também proporciona benefícios significativos aos contribuintes, como segurança jurídica, reputação positiva, benefícios fiscais e acesso a contratos públicos.

03

DIREITO AO SILÊNCIO NA **ÁREA TRIBUTÁRIA**

O direito ao silêncio é o princípio fundamental que protege os contribuintes contra autoincriminação. Na área tributária, esse direito é especialmente relevante em situações de fiscalização e investigação fiscal. O capítulo destrincha o conceito do direito ao silêncio, suas bases legais na área tributária e as orientações sobre quando e como utilizá-lo para proteger o contribuinte.

O direito ao silêncio é a prerrogativa de um indivíduo de não ser obrigado a produzir provas contra si mesmo.

Na esfera tributária, isso significa que o contribuinte pode se recusar a responder perguntas ou fornecer informações que possam incriminá-lo.

Tem como base a Constituição Federal de 1998, Art. 5º, LXIII: "O preso será informado de seus direitos, entre os quais, o de permanecer calado, sendo-lhe assegurada a assistência da família e de um advogado".

Também o Art. 5º, LXIII, da Constituição: "Interpretação extensiva para o direito de não se autoincriminar, aplicável a todos os cidadãos, não apenas aos presos". E o Código de Processo Penal (Decreto-Lei n.º 3.689/1941), Art. 186:

Depois de devidamente qualificado e cientificado do inteiro teor da acusação, o acusado será informado pelo juiz, antes de iniciar o interrogatório, do seu direito de permanecer calado e de não responder perguntas que lhe forem formuladas.

Assim como o Art. 2º, Parágrafo Único, XIII: "Assegura o direito ao silêncio no processo administrativo".

3.1 Utilização do direito ao silêncio na área tributária

Há algumas situações que o contribuinte pode utilizar o seu direito ao silêncio:

1. **Situações de fiscalização e investigação:**

O direito ao silêncio pode ser usado durante fiscalizações e investigações fiscais. Nessas situações, o contribuinte pode ser solicitado a prestar informações e esclarecimentos sobre suas operações e declarações fiscais.

Então, o contribuinte pode invocar o direito ao silêncio para se recusar a fornecer informações que possam ser usadas contra ele em um processo criminal ou administrativo.

2. **Declaração de impostos:**

O contribuinte é obrigado a fornecer informações precisas e completas em suas declarações fiscais. No entanto há limites quanto às informações que podem ser exigidas.

Ele não pode ser compelido a incluir informações que, diretamente, possam incriminá-lo. Isso não o exime de suas obrigações tributárias, mas protege-o contra a autoincriminação.

3. **Depoimentos e audiências:**

Em casos de auditorias fiscais ou procedimentos administrativos que envolvam depoimentos ou audiências, o contribuinte pode ser chamado a depor.

Durante esses procedimentos, ele pode exercer o direito ao silêncio, especialmente, se as perguntas puderem levar à autoincriminação.

Sendo assim, o principal objetivo do direito ao silêncio é evitar que o contribuinte forneça informações que possam ser usadas contra ele em procedimentos administrativos ou criminais, segundo a Constituição Federal, Art. 5º, LXIII; e o Código de Processo Penal, Art. 186.

De acordo com o Art. 5º, LV ("direito ao contraditório e à ampla defesa"), da Constituição, em situações de fiscalização ou investigação, é recomendável que o contribuinte consulte um advogado antes de prestar qualquer informação. E com o Art. 5º, LV, da Constituição, utilizar o direito ao silêncio pode dar tempo ao contribuinte e à sua defesa para preparar uma resposta adequada às acusações ou questionamentos da autoridade fiscal.

No entanto, embora o contribuinte tenha o direito ao silêncio, isso não o exime das obrigações fiscais. Ele deve cumprir suas obrigações tributárias, mas pode se recusar a fornecer informações que possam ser usadas para incriminá-lo. Isso com base no Código Tributário Nacional (CTN), Art. 113: "obrigação tributária principal e acessória".

O exercício do direito ao silêncio não deve ser interpretado como confissão de culpa. Com a Lei n.º 9.784/1999, Art. 2º, Parágrafo Único, XIII, a administração tributária deve buscar outras provas que não dependam da autoincriminação do contribuinte. Então, ao exercer o direito ao silêncio, o contribuinte não pode ser penalizado ou sofrer sanções pelo simples fato de se recusar a fornecer informações incriminadoras, como cita o Art. 5º, LV ("ampla defesa"), da Constituição Federal.

PARA PROTEGER OS DIREITOS E INTERESSES DO CONTRIBUINTE DEVE-SE:

- Sempre consultar um advogado antes de prestar informações em fiscalizações ou investigações fiscais.
- Utilizar o direito ao silêncio de forma estratégica, para evitar autoincriminação, sem deixar de cumprir as obrigações fiscais.
- Manter uma documentação detalhada e precisa de todas as interações com a administração tributária.
- Promover a educação contínua sobre os direitos dos contribuintes e as melhores práticas em situações de fiscalização e investigação.

Conclui-se que o direito ao silêncio na área tributária é uma garantia fundamental para proteger os contribuintes contra a autoincriminação. Esse direito deve ser exercido com cautela e sempre com o suporte de um advogado especializado para assegurar que as obrigações fiscais sejam cumpridas sem comprometer a defesa do contribuinte.

04

O TERMO *NON OLET* E SUAS NORMAS E **BASES LEGAIS**

O termo *Non olet* é uma expressão em latim — *Pecunia non olet* — que significa "não cheira". Historicamente, este termo é atribuído ao Imperador Tito Flávio Vespasiano, do Império Romano, que instituiu um imposto sobre a coleta de urina e, ao ser criticado, respondeu que "dinheiro não cheira". Na área tributária moderna, *Non olet* é utilizado para expressar a ideia de que o dinheiro arrecadado através de impostos, independentemente de sua origem, não perde sua legitimidade ou utilidade.

Este conceito enfatiza que o dinheiro arrecadado por meio de impostos é algo legítimo.

Na contemporaneidade, esse princípio pode ser aplicado, até mesmo, em contextos de arrecadação tributária sobre atividades ilegais, como bicheiros e contrabandistas.

Como dito anteriormente, o termo *Non olet* tem sua origem atribuída ao Império Romano, durante o reinado do Imperador Tito Flávio Vespasiano — governou de 69 a 79 d.C. Vespasiano instituiu um imposto sobre a coleta de urina, usada em processos industriais, e respondeu às críticas afirmando que "dinheiro não cheira", ou seja, o dinheiro arrecadado mantém seu valor e legitimidade independentemente de sua origem. Logo, frequentemente usada por doutrinadores, a frase *"Plurima praestat amor, sed sacra pecúnia cuncta"* significa "muitas coisas o amor consegue, mas o dinheiro é sagrado para todos".

Esse termo enfatiza a universalidade e a importância do dinheiro em todas as esferas da vida, incluindo sua neutralidade moral quando se trata de arrecadação fiscal. A frase pode ser utilizada para justificar a tributação sobre rendimentos de qualquer origem, reforçando o princípio de que o valor do dinheiro não é afetado pela forma como foi obtido.

4.1 Implicações e normas jurídicas do *Non Olet*

Na contemporaneidade, o *Non olet* possui algumas implicações e normas jurídicas, como:

1. **Neutralidade fiscal:**

O princípio da neutralidade fiscal sustenta que o dinheiro arrecadado pelo Estado deve ser utilizado para o bem público, independentemente de sua origem, desde que obtido legalmente. É instituída pela Constituição Federal de 1988, Art. 150, que estabelece os princípios tributários, incluindo legalidade e isonomia.

2. **2. Legitimidade dos recursos públicos:**

O termo *Non olet* reforça que os recursos arrecadados pelo Estado são legítimos e devem ser usados para financiar serviços públicos e políticas sociais. Está na Constituição Federal de 1988, Art. 37, que dispõe sobre os princípios da administração pública, incluindo legalidade, impessoalidade, moralidade, publicidade e eficiência.

Contudo, o *Non olet* não é aplicado somente em atividades legais, também é usado na ilegalidade. Por exemplo, mesmo em atividades ilegais, como contrabando e jogo do bicho, o princípio *Non olet* pode ser aplicado para a arrecadação de impostos sobre os lucros provenientes dessas atividades.

Inclusive, há base legal, já que o Código Tributário Nacional (CTN), Art. 118, estabelece que a definição legal do fato gerador seja interpretada independentemente da validade jurídica dos atos efetivamente praticados pelos contribuintes. E com jurisprudência do Supremo Tribunal Federal (STF), que já se manifestou que a ilicitude da origem dos rendimentos não impede a tributação, conforme o RE 124.306-RJ.

O Fisco pode exigir impostos sobre os lucros auferidos por contrabandistas, mesmo que a atividade seja ilegal, aplicando o princípio de que "dinheiro não cheira".

Da mesma forma, bicheiros, que operam o jogo do bicho, também podem ser tributados sobre seus lucros, independentemente da legalidade da atividade.

4.2. Benefícios e justificativas para o contribuinte e para o Estado

Ao tributar todas as fontes de renda, incluindo as ilegais — de acordo com a Constituição Federal, Art. 145, que trata da competência tributária —, o Estado pode aumentar significativamente sua arrecadação. A aplicação do princípio *Non olet* também assegura que todos os rendimentos, sejam legais ou ilegais, estejam sujeitos à tributação, promovendo a equidade fiscal, como diz o Código Tributário Nacional (CTN), Art. 113, que define a obrigação tributária.

A tributação dos lucros de atividades ilegais pode desincentivar tais práticas, ao tornar menos lucrativo o envolvimento em atividades ilícitas. Pode haver interpretação da legislação tributária, independentemente da licitude da atividade, conforme o Art. 118 do CTN.

Assim, o termo *Non olet* e a expressão *Plurima praestat amor, sed sacra pecúnia cuncta* reforçam a neutralidade e a legitimidade dos recursos arrecadados pelo Estado, independentemente de sua origem. A aplicação desses princípios na tributação de atividades ilegais é respaldada por normas jurídicas que visam promover a justiça fiscal e aumentar a arrecadação.

Logo, para garantir a correta aplicação dos princípios associados ao termo *Non olet*, recomenda-se:

I. Assegurar transparência na arrecadação e utilização dos recursos públicos.

II. Cumprir rigorosamente as bases legais e normas tributárias vigentes.

III. Implementar mecanismos eficazes de fiscalização para garantir que os recursos arrecadados sejam destinados conforme previsto na legislação.

IV. Promover a educação fiscal para conscientizar a sociedade sobre a importância da tributação e a legitimidade dos recursos arrecadados.

05

CONCEITO DE PLANEJAMENTO **TRIBUTÁRIO**

Como visto no capítulo 1, o planejamento tributário é o conjunto de estratégias e ações adotadas pelas empresas para reduzir, de forma legal, o montante de tributos a serem pagos. Envolve a análise das legislações fiscais, a escolha do regime tributário mais adequado e a utilização de incentivos fiscais e benefícios previstos em lei.

Sendo assim, tem base legal na Constituição Federal de 1988, Art. 150, I, que estabelece o princípio da legalidade tributária, determinando que nenhum tributo pode ser instituído ou aumentado sem previsão legal. Enquanto que o Código Tributário Nacional (CTN), com a Lei n.º 5.172/1966, Art. 3º, define o tributo e suas espécies, e o Art. 97 dispõe sobre a exigência de previsão legal para a instituição de tributos.

Já a Lei n.º 9.249/1995 dispõe sobre a tributação das pessoas jurídicas, estabelecendo regras para a dedução de despesas operacionais.

5.1. A importância do planejamento tributário para as empresas

A principal vantagem do planejamento tributário é a possibilidade de reduzir a carga tributária de

forma legal, aproveitando deduções, isenções e regimes tributários mais favoráveis.

Oferece, inclusive, um regime simplificado e reduzido para micro e pequenas empresas, seguindo a Lei Complementar n.º 123/2006 (Simples Nacional).

Com base na Lei n.º 11.196/2005 (Lei do Bem), oferece incentivos fiscais para empresas que investem em pesquisa e desenvolvimento tecnológico. Desse modo, empresas com menor carga tributária possuem maior margem de lucro e podem reinvestir esses recursos em suas operações, além de inovar e oferecer preços mais competitivos.

O planejamento tributário também permite que as empresas identifiquem e utilizem todos os incentivos fiscais disponíveis, como aqueles que são para inovação, exportação e investimento em determinadas regiões. Um exemplo é a Lei n.º 8.248/1991 (Lei de Informática), que dá incentivos fiscais para empresas que investem em inovação tecnológica.

Ao prever com precisão os valores dos tributos a serem pagos, o planejamento tributário melhora a gestão do fluxo de caixa, evitando surpresas e garantindo uma melhor administração financeira. A Lei n.º 9.430/1996, por exemplo, dispõe sobre a legislação tributária federal, incluindo a regulamentação sobre o ajuste anual de tributos.

Um planejamento tributário bem estruturado e fundamentado na legislação vigente garante segurança jurídica para a empresa, evitando autuações e penalidades por parte do Fisco.

A Constituição Federal de 1988, Art. 5º, II estabelece que ninguém será obrigado a fazer ou deixar de fazer alguma coisa senão em virtude de lei.

5.2 Exemplos de estratégias de planejamento tributário

A seguir, mostramos algumas estratégias para implementar o planejamento tributário.

1. **Escolha do regime tributário:**

As empresas podem optar pelo regime tributário que melhor se adequar às suas características, como Lucro Real, Lucro Presumido ou Simples Nacional, de acordo com as leis n.º 9.718/1998 e n.º 9.249/1995 e Lei Complementar n.º 123/2006.

2. **Reorganização societária:**

Segundo o Código Civil (Lei n.º 10.406/2002) e a Lei das Sociedades por Ações (Lei n.º 6.404/1976), deve-se estruturar a empresa de forma a aproveitar incentivos fiscais e deduções permitidas, como por meio de fusões, cisões ou constituição de *holdings*.

3. **Utilização de prejuízos fiscais:**

Deve-se compensar os prejuízos fiscais acumulados em exercícios anteriores para reduzir a base de cálculo dos tributos. A Lei n.º 9.065/1995, Art. 15, permite a compensação de prejuízos fiscais até o limite de 30% do lucro líquido ajustado.

4. **Planejamento de importações e exportações:**

Com a Lei Complementar n.º 87/1996, Art. 3º, II, dá-se isenção de ICMS para produtos exportados. Então se pode aproveitar benefícios fiscais para operações de comércio exterior, como a suspensão de tributos sobre produtos destinados à exportação.

5.3 Procedimentos para implementação do planejamento tributário

Há também alguns procedimentos que devem ser feitos para implementar o planejamento tributário:

1. **Diagnóstico fiscal:**

Deve-se realizar um diagnóstico detalhado da situação tributária da empresa para identificar as oportunidades de economia fiscal e riscos existentes. O Código Tributário Nacional (CTN), Art. 96, dispõe sobre a interpretação da legislação tributária.

2. **Desenvolvimento de estratégias:**

Segundo a Constituição Federal de 1988, Art. 150, I — o princípio da legalidade tributária —, pode-se elaborar um plano estratégico de elisão fiscal, considerando as normas legais e a viabilidade econômica.

3. **Execução e monitoramento:**

Deve-se implementar as ações planejadas e monitorar continuamente a eficácia das estratégias de planejamento tributário. O Código Tributário Nacional (CTN), Art. 142, dispõe sobre a constituição do crédito tributário.

4. **Consultoria e compliance:**

É importante se manter atualizado sobre as mudanças na legislação tributária e consultar regularmente especialistas em direito tributário e contabilidade. Um exemplo é o direito ao contraditório e a ampla defesa da Constituição Federal de 1988, Art. 5º, LV.

Logo, para maximizar as vantagens do planejamento tributário, recomenda-se:

I. Realizar um diagnóstico detalhado da situação tributária.
II. Desenvolver um plano estratégico com base nas normas vigentes.
III. Implementar as ações planejadas com rigor e monitorar continuamente a eficácia.
IV. Consultar regularmente especialistas em direito tributário e contabilidade.
V. Promover a educação contínua sobre as melhores práticas em planejamento tributário.

Ficou claro que o planejamento tributário é uma ferramenta essencial para a gestão eficiente das empresas, proporcionando redução da carga tributária, melhoria da competitividade, aproveitamento de incentivos fiscais, melhor gestão do fluxo de caixa e segurança jurídica.

A APLICAÇÃO DE ESTRATÉGIAS DE PLANEJAMENTO TRIBUTÁRIO, FUNDAMENTADAS NA LEGISLAÇÃO VIGENTE, PODE RESULTAR EM SIGNIFICATIVAS ECONOMIAS E MAIOR COMPETITIVIDADE NO MERCADO.

06

DIMINUIÇÃO DA CARGA **TRIBUTÁRIA E SUAS APLICAÇÕES**

A diminuição da carga tributária é uma meta estratégica para muitas empresas, visando à otimização de seus recursos e à maximização de lucros. O capítulo aborda as principais estratégias legais para reduzir a carga tributária, analisando a aplicação dessas estratégias imposto a imposto, com foco particular no Imposto de Renda. Através de um planejamento tributário eficaz e fundamentado nas bases legais, as empresas podem obter significativas economias fiscais e benefícios concretos.

Foi visto que o planejamento tributário é o conjunto de estratégias e ações adotadas pelas empresas para reduzir, de forma legal, o montante de tributos a serem pagos. Envolve a análise das legislações fiscais, a escolha do regime tributário mais adequado e a utilização de incentivos fiscais e benefícios previstos em lei.

A Constituição Federal de 1988 — Art. 150, I — estabelece o princípio da legalidade tributária, determinando que nenhum tributo pode ser instituído ou aumentado sem previsão legal. E o Código Tributário Nacional (CTN) — Lei n.º 5.172/1966, Art. 3º — define o tributo e suas espécies, enquanto que o Art. 97 dispõe sobre a exigência de previsão legal para a instituição de tributos.

A principal vantagem do planejamento tributário é a possibilidade de reduzir a carga tributária de

***forma legal*, aproveitando deduções, isenções e regimes tributários mais favoráveis.**

Traz o benefício da redução direta no valor total de tributos pagos, liberando recursos que podem ser reinvestidos na empresa.

Sua base legal é a Lei Complementar n.º 123/2006 (Simples Nacional), que oferece um regime simplificado e reduzido para micro e pequenas empresas. Assim, empresas com menor carga tributária possuem maior margem de lucro e podem reinvestir esses recursos em suas operações, além de inovar e oferecer preços mais competitivos.

Traz uma maior capacidade de investimento em inovação, marketing e expansão de mercado. Como é realizado com a Lei n.º 11.196/2005 (Lei do Bem), que oferece incentivos fiscais para empresas que investem em pesquisa e desenvolvimento tecnológico.

O planejamento tributário também permite que as empresas identifiquem e utilizem todos os incentivos fiscais disponíveis, como aqueles usados para inovação, exportação e investimento em determinadas regiões. Isso gera economias significativas por meio de isenções e créditos fiscais. Um bom exemplo é a Lei n.º 8.248/1991 (Lei de Informática), lei de incentivos fiscais para empresas que investem em inovação tecnológica.

Ao prever com precisão os valores dos tributos a serem pagos, o planejamento tributário melhora a gestão do fluxo de caixa, evitando surpresas e garantindo uma melhor administração financeira.

O melhor plano para gestão de recursos é a prevenção, evitando a necessidade de contrair empréstimos para pagamento de tributos. A Lei n.º 9.430/1996 dispõe sobre a legislação tributária federal, incluindo a regulamentação sobre o ajuste anual de tributos.

Um planejamento tributário bem estruturado e fundamentado na legislação vigente garante segurança jurídica para a empresa, evitando autuações e penalidades por parte do Fisco. Traz a redução de riscos de multas e outras penalidades fiscais. Dessa maneira, a Constituição Federal de 1988, Art. 5º, II, estabelece que ninguém será obrigado a fazer ou deixar de fazer alguma coisa senão em virtude de lei.

6.1 Estratégias para otimização da carga tributária imposto a imposto

Há algumas estratégias que auxiliam na otimização da carga tributária. Pode-se ver cada uma delas, de imposto a imposto, a seguir:

1. Imposto de Renda (IRPJ e IRPF):

O Imposto de Renda (IR) é cobrado sobre a renda e os proventos de qualquer natureza, tanto de pessoas jurídicas (IRPJ) quanto de pessoas físicas (IRPF). Tem como base as leis n.º 9.249/1995 e n.º 9.430/1996.

ALGUMAS ESTRATÉGIAS PARA O IR SÃO:

- **Dedução de despesas operacionais:** Deduzir todas as despesas operacionais permitidas pela legislação, incluindo salários, aluguel, insumos e outras despesas necessárias à atividade da empresa (Lei n.º 9.249/1995).
- **Utilização de incentivos fiscais:** Aproveitar incentivos fiscais, como os previstos na Lei do Bem (Lei n.º 11.196/2005), para investimentos em pesquisa e desenvolvimento tecnológico.
- **Compensação de prejuízos fiscais:** Compensar prejuízos fiscais acumulados em exercícios anteriores para reduzir a base de cálculo do IRPJ (Lei n.º 9.065/1995, Art. 15).
- **Planejamento de distribuição de lucros:** Utilizar estratégias de distribuição de lucros e dividendos, que são isentos de IR para sócios e acionistas (Lei n.º 9.249/1995, Art. 10).

2. Imposto sobre Produtos Industrializados (IPI):

Pelo Decreto-Lei n.º 37/1966, o Imposto sobre Produtos Industrializados (IPI) incide sobre produtos industrializados e é devido no momento da saída do produto do estabelecimento industrial.

As estratégias para o IPI são:

- **Incentivos à exportação**: Utilizar isenções de IPI para produtos destinados à exportação (Decreto-Lei n.º 37/1966, Art. 15).
- **Créditos de IPI:** Aproveitar os créditos de IPI sobre insumos adquiridos para a produção, deduzindo-os do valor do imposto devido (Decreto n.º 7.212/2010, Art. 226).

3. Imposto sobre Circulação de Mercadorias e Serviços (ICMS):

O Imposto sobre Circulação de Mercadorias e Serviços (ICMS) é um imposto estadual que incide sobre a circulação de mercadorias e a prestação de serviços de transporte interestadual e intermunicipal e de comunicação (Lei Complementar n.º 87/1996).

Para o ICMS, as estratégias são:

- **Substituição tributária**: Planejar a utilização de regimes de substituição tributária que possam resultar em menor carga tributária (Lei Complementar n.º 87/1996, Art. 6º).
- **Aproveitamento de créditos de ICMS**: Utilizar créditos de ICMS sobre aquisições de insumos e matérias-primas para deduzir do imposto devido (Lei Complementar n.º 87/1996, Art. 20).
- **Benefícios fiscais regionais:** Estabelecer operações em estados que ofereçam benefícios fiscais, como reduções de alíquotas ou isenções (Lei Complementar n.º 87/1996, Art. 3º, II).

4. Contribuição para o Financiamento da Seguridade Social (Cofins):

De acordo com a Lei n.º 10.833/2003, a Contribuição para o Financiamento da Seguridade Social (Cofins) incide sobre a receita bruta das empresas e é destinada ao financiamento da seguridade social.

As estratégias do Cofins são:

- **Regime não cumulativo:** Optar pelo regime não cumulativo da Cofins, que permite a dedução de créditos relativos a custos, despesas e encargos (Lei n.º 10.833/2003, Art. 3º).
- **Incentivos fiscais:** Aproveitar isenções e reduções de

alíquotas específicas para determinados setores ou atividades econômicas (Lei n.º 10.833/2003, Art. 9º).

5. **Programa de Integração Social (PIS):**

O Programa de Integração Social (PIS) incide sobre a receita bruta das empresas e é destinado ao financiamento do seguro-desemprego e do abono salarial (Lei n.º 10.637/2002).

Para o PIS, as estratégias são:

- **Regime não cumulativo**: Optar pelo regime não cumulativo do PIS, que permite a dedução de créditos relativos a custos, despesas e encargos (Lei n.º 10.637/2002, Art. 3º).
- **Incentivos fiscais**: Aproveitar isenções e reduções de alíquotas específicas para determinados setores ou atividades econômicas (Lei n.º 10.637/2002, Art. 8º).

Desse modo, o setor de inovação e tecnologia é um bom ramo de atuação com o uso de incentivos fiscais. Empresas que investem em pesquisa e desenvolvimento tecnológico podem aproveitar incentivos fiscais significativos (Lei n.º 11.196/2005 – Lei do Bem).

07

ISENÇÃO FISCAL E OS **RAMOS DE ATUAÇÃO BENEFICIADOS**

Este capítulo analisa detalhadamente as isenções fiscais disponíveis para os diferentes ramos de atuação, identificando as CNAEs (Classificação Nacional de Atividades Econômicas) beneficiadas. Aborda as principais isenções por imposto, como aplicar esses benefícios e como essas estratégias podem melhorar o fluxo de caixa das empresas.

A falta de conhecimento técnico e o mau assessoramento fazem com que muitos empresários deixem de aproveitar esses benefícios legais.

Isenção fiscal é um benefício concedido por lei que dispensa o contribuinte do pagamento de determinados tributos, total ou parcialmente. É uma forma de incentivo fiscal utilizada para estimular atividades econômicas específicas ou promover o desenvolvimento regional.

A Constituição Federal de 1988 — Art. 150, §6º —determina que a concessão de isenção, anistia, remissão, subsídio ou redução de tributos só pode ser feita por meio de lei especifica. Ao passo que o Código Tributário Nacional (CTN), com a Lei n.º 5.172/1966, Art. 176, define isenção como a exclusão do crédito tributário, mediante disposição expressa de lei.

ALGUNS RAMOS DE ATUAÇÃO DE ISENÇÕES FISCAIS POR IMPOSTO SÃO:

1. Imposto de Renda (IRPJ e IRPF):

Consegue-se a isenção parcial ou total do Imposto de Renda (IR) para empresas e pessoas físicas que se enquadram em determinados programas ou projetos incentivados. Como exemplos, a Lei n.º 8.313/1991 (Lei Rouanet) e a Lei n.º 11.196/2005 (Lei do Bem).

ALGUNS RAMOS QUE SE CONSEGUE A ISENÇÃO DO IR SÃO:

- **Cultura:** Empresas que investem em projetos culturais aprovados pelo Ministério da Cultura (CNAEs relacionados a atividades artísticas, culturais e de entretenimento).
- **Inovação tecnológica:** Empresas que realizam investimentos em pesquisa e desenvolvimento tecnológico (CNAEs de atividades de informática e pesquisa científica).

2. Imposto sobre Produtos Industrializados (IPI):

Consegue-se isenção de Imposto sobre Produtos Industrializados (IPI) para produtos específicos e setores incentivados (Decreto-Lei n.º 288/1967 — Zona Franca de Manaus —, e Lei n.º 8.248/1991 — Lei de Informática).

ALGUNS RAMOS SÃO:

- **Zona Franca de Manaus**: Empresas instaladas na Zona Franca de Manaus (CNAEs de fabricação de produtos industriais).
- **Tecnologia da Informação**: Empresas do setor de informática e automação (CNAEs relacionadas à fabricação de equipamentos de informática e prestação de serviços de TI).

3. Imposto sobre Circulação de Mercadorias e Serviços (ICMS):

A isenção e redução do Imposto sobre Circulação de Mercadorias e Serviços (ICMS) pode ser feita para determinados setores e produtos, de acordo com a Lei Complementar n.º 87/1996 (Lei Kandir) e legislação estadual específica.

OS RAMOS PARA ISENÇÃO DE ICMS SÃO:

- **Exportação**: Produtos destinados à exportação são isentos de ICMS (CNAEs relacionados a atividades exportadoras).
- **Energia renovável**: Empresas que produzem energia a partir de fontes renováveis (CNAEs de geração de energia solar, eólica e biomassa).

4. Contribuição para o Financiamento da Seguridade Social (Cofins) e Programa de Integração Social (PIS):

Pode-se ter a isenção da Contribuição para o Financiamento da Seguridade Social (Cofins) e do Programa de Integração Social (PIS) para setores específicos (Lei n.º 10.925/2004 e Lei n.º 12.546/2011 —Desoneração da Folha).

- **Agronegócio:** Produtos agrícolas in natura e operações realizadas por cooperativas agropecuárias (CNAEs de produção agropecuária e silvicultura).
- **Transporte público:** Empresas de transporte público coletivo (CNAEs de transporte rodoviário de passageiros).

5. Imposto sobre Serviços (ISS):

Consegue-se a isenção de Imposto sobre Serviços (ISS) para serviços prestados por determinados setores, de acordo com a Lei Complementar n.º 116/2003 e legislação municipal específica.

- **Serviços de educação**: Instituições de ensino (CNAEs relacionadas a atividades educacionais).
- **Serviços de saúde**: Hospitais e clínicas médicas (CNAEs de atividades de atenção à saúde).

ALGUNS SETORES TAMBÉM POSSUEM BENEFÍCIOS FISCAIS ESPECÍFICOS, COMO:

1. Setor de farmácias:

Farmácias podem obter benefícios fiscais que muitas vezes não são aproveitados. Um exemplo é a Lei n.º 10.147/2000, que reduz a alíquota de PIS/PASEP e Cofins para medicamentos.

OS BENEFÍCIOS PARA O SETOR DE FARMÁCIAS SÃO:

- **Redução de alíquotas de PIS e Cofins**: Redução na carga tributária sobre a venda de medicamentos.
- **Incentivos regionais**: Isenções estaduais de ICMS para medicamentos em algumas regiões.
- **CNAEs beneficiadas (4771-7/01):** Comércio varejista de produtos farmacêuticos, sem manipulação de fórmulas.

2. Setor de venda de veículos:

Concessionárias e empresas de venda de veículos podem se beneficiar de incentivos fiscais específicos (Lei n.º 8.989/1995 — Isenção de IPI para veículos adquiridos por pessoas com deficiência e taxistas).

- **Isenção de IPI:** Redução do preço final dos veículos, aumentando a competitividade.
- **Redução de ICMS:** Benefícios estaduais que reduzem a carga tributária.
- **CNAEs beneficiadas (4511-1/01 e 4511-1/02):** Comércio a varejo de automóveis, camionetas e utilitários novos e usados.

3. **Setor de varejo:**

Empresas de varejo podem aproveitar diversas inovações e benefícios fiscais, como a Lei Complementar n.º 123/2006 (Simples Nacional), que dá regime tributário simplificado para micro e pequenas empresas.

- **Redução de tributos**: Simplificação e redução da carga tributária para micro e pequenas empresas.
- **Incentivos à inovação**: Benefícios fiscais para investimentos em tecnologia e modernização de lojas.
- **CNAEs beneficiadas:** Diversos códigos CNAEs relacionados ao comércio varejista (ex.: 4711-3/01, comércio varejista de mercadorias em geral, com predominância de produtos alimentícios e hipermercados).

7.1 Procedimentos para aplicação e aproveitamento das isenções e melhorias para o fluxo de caixa

HÁ ALGUNS PROCEDIMENTOS QUE PODEM SER FEITOS PARA APLICAR E APROVEITAR AS ISENÇÕES FISCAIS. ALGUNS SÃO:

1. **Identificação dos benefícios fiscais:**

Identificar todas as isenções fiscais aplicáveis ao ramo de atuação da empresa e os códigos CNAEs correspondentes, como, por exemplo, consultar a legislação vigente e os regulamentos específicos para verificar condições e requisitos necessários para cada benefício.

2. **Documentação e compliance:**

Manter uma documentação rigorosa e precisa de todas as operações e cumprir com as obrigações acessórias para garantir a conformidade com a legislação.

Uma maneira é implementar um sistema de compliance tributário para monitorar e assegurar o cumprimento das normas legais.

3. **Consultoria e assessoria técnica:**

Contar com a consultoria de especialistas em direito tributário e contabilidade para orientar na identificação e aproveitamento de benefícios fiscais. Deve-se contratar consultores e auditores experientes para realizar diagnósticos e recomendar estratégias de otimização fiscal.

4. **Educação e treinamento:**

Promover a educação e o treinamento contínuos sobre as melhores práticas em planejamento tributário e aproveitamento de isenções fiscais. Uma das ações que pode ser feita é realizar workshops, cursos e seminários para a equipe financeira e contábil de sua empresa.

E HÁ ALGUMAS MELHORIAS QUE PODEM SER FEITAS NO FLUXO DE CAIXA:

1. **Redução dos pagamentos de tributos:**

A aplicação correta das isenções fiscais resulta na diminuição dos tributos devidos, liberando recursos financeiros. Por exemplo, aumento do capital disponível para investimentos, expansão e outras necessidades operacionais.

2. **Planejamento financeiro:**

Com a previsão exata das economias fiscais, a empresa pode planejar melhor seu fluxo de caixa e alocação de recursos. Assim, terá uma maior estabilidade financeira e capacidade de enfrentar imprevistos econômicos.

3. Inovação e crescimento:

Utilizar os recursos economizados com isenções fiscais para financiar projetos de inovação e crescimento empresarial, como, por exemplo, o fortalecimento da posição competitiva no mercado e aumento.

E com a reestruturação fiscal e tributária, vêm benefícios para a empresa, todas com bases legais para a sua aplicação.

ALGUNS EXEMPLOS SÃO:

1. Redução da carga tributária

A aplicação de isenções e benefícios fiscais permite uma redução significativa nos tributos devidos, resultando em economia financeira.

Liberar recursos, por exemplo, que podem ser reinvestidos na empresa, aumentando a capacidade de crescimento e inovação.

Base legal:

- Lei Complementar n.º 123/2006 (Simples Nacional).
- Lei n.º 11.196/2005 (Lei do Bem).
- Decreto-Lei n.º 288/1967 (Zona Franca de Manaus).

2. Melhoria na gestão do fluxo de caixa

Com a previsão exata das economias fiscais, as empresas podem planejar melhor seu fluxo de caixa e alocação de recursos. Isso traz maior estabilidade financeira, capacidade de enfrentar imprevistos e melhor planejamento estratégico.

Base legal:

- Lei n.º 9.430/1996 – Dispõe sobre a legislação tributária federal, incluindo a regulamentação sobre o ajuste anual de tributos.

3. Aproveitamento de incentivos fiscais

Identificar e utilizar incentivos fiscais específicos para determinados setores, como tecnologia, cultura, agronegócio e outros. Proporciona redução da carga tributária, promoção da inovação e aumento da competitividade no mercado.

Base legal:

- Lei n.º 8.313/1991 (Lei Rouanet).
- Lei n.º 8.248/1991 (Lei de Informática).
- Lei n.º 10.147/2000 – Redução da alíquota de PIS/PASEP e Cofins para medicamentos.

4. Segurança jurídica

Um planejamento tributário bem estruturado e fundamentado na legislação vigente garante segurança jurídica para a empresa. Isso reduz os riscos de autuações e penalidades fiscais, garantindo a conformidade com a legislação.

Base legal:

- Constituição Federal de 1988, Art. 5º, II – Estabelece que ninguém será obrigado a fazer ou deixar de fazer alguma coisa senão em virtude de lei.
- Código Tributário Nacional (CTN), Lei n.º 5.172/1966.

5. Redução do risco fiscal

A implementação de um sistema de compliance tributário eficiente assegura o cumprimento das normas legais e reduz o risco de erros e omissões fiscais. Traz a diminuição de passivos tributários e maior tranquilidade na gestão empresarial.

Base legal:

- Lei n.º 12.846/2013 (Lei Anticorrupção).
- Decreto n.º 8.420/2015 – Regulamenta a Lei Anticorrupção.

6. Fortalecimento da competitividade

Empresas que aproveitam plenamente os benefícios fiscais e estruturam eficientemente suas operações fiscais e contábeis possuem uma vantagem competitiva significativa. Assim as empresas têm capacidade de oferecer preços mais competitivos, investir em marketing e expansão, além de inovar continuamente.

Base legal:

- Lei n.º 10.925/2004 – Isenção de Cofins e PIS para produtos agrícolas.
- Lei Complementar n.º 116/2003 – Isenção de ISS para determinados serviços.

E TRAZ MELHORIAS PARA A SAÚDE FINANCEIRA DAS EMPRESAS. COMO:

1. Aumento da lucratividade

A redução dos custos tributários e a otimização do uso de incentivos fiscais resultam em maior margem de lucro.

Traz melhoria da rentabilidade e do fortalecimento financeiro da empresa.

Base legal:

- Lei Complementar n.º 87/1996 (Lei Kandir) – Isenção de ICMS para exportações.

2. Maior capacidade de investimento

Recursos economizados com a redução de tributos podem ser reinvestidos em áreas estratégicas, como tecnologia, infraestrutura e capital humano, trazendo aumento da capacidade de crescimento e desenvolvimento sustentável da empresa.

Base legal:

- Lei n.º 11.196/2005 (Lei do Bem) - Incentivos fiscais para inovação tecnológica.

3. **Sustentabilidade e crescimento a longo prazo**

Um planejamento tributário e fiscal eficiente contribui para a sustentabilidade financeira e para o crescimento contínuo da empresa. Logo, uma estabilidade econômica e financeira permite que a empresa se adapte melhor às mudanças de mercado e continue a expandir suas operações.

Base legal:

- Decreto-Lei n.º 288/1967 (Zona Franca de Manaus) - Incentivos regionais para desenvolvimento.

Portanto, a reestruturação fiscal, tributária e contábil é um processo estratégico vital para a saúde financeira das empresas.

Por meio de uma análise detalhada e do aproveitamento adequado dos incentivos e isenções fiscais previstos em lei, as empresas podem reduzir significativamente sua carga tributária, melhorar sua gestão financeira e minimizar riscos fiscais.

Isso resulta em maior competitividade, capacidade de inovação e crescimento sustentável.

EMPRESAS BEM ASSESSORADAS E COM UM PLANEJAMENTO TRIBUTÁRIO ROBUSTO TÊM MELHORES CONDIÇÕES DE ENFRENTAR DESAFIOS ECONÔMICOS E SE DESTACAR NO MERCADO, GARANTINDO SEU SUCESSO E LONGEVIDADE.

08

CONCEITO DE COMPENSAÇÃO **DE CRÉDITOS TRIBUTÁRIOS**

A compensação de créditos tributários possui diversas origens e meios legais de utilização. Este capítulo aborda os parâmetros atuais da legislação e suas instruções de aplicação.

O sujeito passivo que apurar crédito relativo a tributo ou com contribuição administrado pela Receita Federal, passível de restituição ou de ressarcimento — inclusive, de crédito decorrente de decisão judicial transitada em julgado —, poderá utilizá-lo na compensação de débitos próprios vencidos ou vincendos, observando-se o disposto na Lei n.º 9.430/96 e na Instrução Normativa RFB n.º 2.055, de 06 de dezembro de 2021. Há uma ressalva, porém, que é a compensação de débitos previdenciários, efetivada na Guia de Recolhimento do FGTS e nas Informações à Previdência Social (GFIP), que segue o disposto no Art.º 66 da Lei n.º 8.383/91.

Nesse sentido, em nosso exemplo, o sujeito passivo poderá utilizar, na compensação de débitos próprios relativos aos tributos e contribuições, créditos que já tenham sido objeto de pedido de restituição ou de ressarcimento, desde que o referido pedido se encontre pendente de decisão administrativa à data do encaminhamento da Declaração de Compensação.

A compensação declarada de tributo ou contribuição lançados de ofício implica renúncia às instâncias administrativas

ou desistência de eventual recurso interposto.

Então, caso seja constatada a compensação indevida de tributo ou contribuição confessados de ofício, o sujeito passivo será comunicado da não homologação da compensação e será intimado a efetuar o pagamento do débito no prazo de 30 dias contados da ciência do procedimento. Logo, a compensação extingue o crédito tributário sob condição resolutória da homologação anterior ao procedimento.

A compensação também é vedada e será considerada como não declarada quando ocorrer as seguintes hipóteses, em que:

- O crédito seja de terceiros.
- O crédito se refira a "crédito-prêmio", instituído pelo Art. 1º do Decreto-Lei n.º 491/69.
- O crédito se refira a título público.
- O crédito seja decorrente de decisão judicial não transitada em julgado.
- O crédito não se refira a tributos administrados pela Receita Federal do Brasil (RFB).
- O crédito tiver como fundamento a alegação de inconstitucionalidade de lei.

Contudo, há exceções. Não ocorre nos casos em que a lei:

- Tenha sido declarada inconstitucional pelo Supremo Tribunal Federal (STF) em ação direta de inconstitucionalidade ou em ação declaratória de constitucionalidade.
- Tenha tido sua execução suspensa pelo Senado Federal.
- Tenha sido julgada inconstitucional em sentença judicial transitada em julgado a favor do contribuinte.
- Seja objeto de súmula vinculante aprovada pelo Supremo

Tribunal Federal nos termos do Art. 103-A, da Constituição Federal.

- O débito apurado no momento do registro da Declaração de Importação (DI).
- O débito que já tenha sido encaminhado à Procuradoria-Geral da Fazenda Nacional (PGFN) para inscrição em Dívida Ativa da União.
- O débito consolidado em qualquer modalidade de parcelamento concedido pela RFB.
- O débito que já tenha sido objeto de compensação não homologada ou considerada não declarada, ainda que a compensação se encontre pendente de decisão definitiva na esfera administrativa.
- O débito, que não se refira a tributo, seja administrado pela RFB.
- O saldo a restituir apurado na Declaração de Ajuste Anual do Imposto sobre a Renda da Pessoa Física (DIRPF).
- O crédito que não seja passível de restituição ou de ressarcimento.
- O crédito apurado no âmbito do Programa de Recuperação Fiscal (Refis), de que trata a Lei n.º 9.964/2000; do Parcelamento Especial (Paes), de que trata o Art. 1º da Lei n.º 10.684/2003; e do Parcelamento Excepcional (Paex) de que trata o Art. 1º da Medida Provisória n.º 303 de 29 de junho de 2006, decorrente de pagamento indevido ou a maior.
- O valor objeto de pedido de restituição ou de ressarcimento indeferido pela autoridade competente da RFB, ainda que o pedido se encontre pendente de decisão definitiva na esfera administrativa.
- O valor informado pelo sujeito passivo em Declaração de Compensação apresentada à RFB a título de crédito para com a Fazenda Nacional, que não tenha sido reconhecido

pela autoridade competente da RFB, ainda que a compensação se encontre pendente de decisão definitiva na esfera administrativa.

- Os tributos apurados na forma do Simples Nacional, instituído pela Lei Complementar n.º 123/2006.
- O crédito resultante de pagamento indevido ou a maior, efetuado no âmbito da PGFN. O débito ou o crédito que se refira ao Adicional ao Frete para Renovação da Marinha Mercante (AFRMM) ou à Taxa de Utilização do Mercante (TUM).
- O crédito objeto de pedido de restituição ou de ressarcimento e o crédito informado em declaração de compensação cuja confirmação de liquidez e certeza esteja sob procedimento fiscal distribuído por meio do Termo de Distribuição de Procedimento Fiscal (TDPF).
- Os valores de quotas de salário-família e de salário-maternidade.
- Os débitos relativos ao recolhimento mensal por estimativa do IRPJ e da CSLL apurados na forma do Art. 2º, da Lei n.º 9.430 de 27 de dezembro de 1996.
- As contribuições previdenciárias e as destinadas a outras entidades e fundos na hipótese em que a compensação for efetuada por sujeito passivo que não utilizar o eSocial para apuração das referidas contribuições (compensação efetivada em GFIP).
- Os tributos apurados na forma do regime unificado de pagamento de tributos de contribuições e dos demais encargos do empregador doméstico (Simples Doméstico), instituído pela Lei Complementar n.º 150, de 1º de junho de 2015.
- O débito das contribuições previdenciárias e das destinadas a outras entidades e fundos.
- Relativo a período de apuração anterior à utilização do

eSocial para apuração das referidas contribuições.

- Relativo a período de apuração posterior à utilização do eSocial com crédito dos demais tributos administrados pela RFB, concernente a período de apuração anterior à utilização do eSocial para apuração das referidas contribuições.
- O débito dos demais tributos administrados pela Receita Federal.
- Relativo a período de apuração anterior à utilização do eSocial para apuração das contribuições previdenciárias e de outras entidades e fundos com crédito concernente às referidas contribuições. Com crédito das contribuições previdenciárias e de outras entidades e fundos relativo ao período de apuração anterior à utilização do eSocial para apuração das referidas contribuições.
- Outras hipóteses previstas nas leis específicas de cada tributo.

8.1. Apresentação da Declaração de Compensação

A Declaração de Compensação é gerada pelo PER/DCOMP Web ou Programa PER/DCOMP. Na impossibilidade de sua utilização, poderá ser apresentado o formulário de Declaração de Compensação, ao qual deverão ser anexados documentos comprobatórios do direito creditório.

O formulário de Declaração de Compensação só pode ser utilizado na hipótese em que a compensação do crédito para com a Fazenda Nacional não puder ser declarada eletronicamente à Receita Federal, mediante utilização do programa PER/DCOMP. Caracteriza-se como impossibilidade de utilização do programa PER/DCOMP a ausência de previsão da hipótese de compensação no referido programa, bem como a existência de falha no programa que impeça a geração eletrônica da declaração. A falha, no entanto, deverá ser demonstrada pelo sujeito passivo no momento da entrega do formulário, sob pena da compensação ser considerada não declarada.

09

FUNDAMENTOS, PROCEDIMENTOS E EXEMPLOS DE **COMPENSAÇÃO DE CRÉDITOS TRIBUTÁRIOS**

Como visto no capítulo anterior, a compensação de créditos tributários é um dos temas centrais no direito tributário brasileiro, abrangendo diversos aspectos legais e administrativos. Este capítulo detalha os fundamentos, os procedimentos e os exemplos práticos, com base nas legislações, nos julgados do STF, nas normas da Receita Federal e nas instruções normativas vigentes. Também discute os erros comuns cometidos pelas empresas e as melhores práticas para evitar penalidades.

9.1. Fundamentos legais da compensação tributária

A compensação de créditos tributários é prevista no Código Tributário Nacional (CTN) e outras legislações complementares. Os principais dispositivos legais incluem:

- **Código Tributário Nacional (CTN): Art. 156, II:** Define a compensação como modalidade de extinção do crédito tributário. **Art. 170:** Estabelece que a compensação pode ser autorizada pela lei com créditos líquidos e certos do sujeito passivo contra a Fazenda Pública.
- **Lei n.º 8.383/91: Art. 66:** Regulamenta a compensação de tributos no âmbito federal, exigindo que seja entre tributos da mesma espécie.
- **Lei n.º 9.430/96: Art. 74:** Introduz regras sobre a compensação de tributos administrados pela Receita Federal.
- **Lei n.º 12.016/2009: Art. 7º, §2º:** Dispunha sobre a não concessão de medida liminar para compensação tributária, declarado inconstitucional pelo STF na ADI 4296.
- **Lei Complementar n.º 104/2001: Art. 170-A:** Determina que a compensação só pode ser efetuada após o trânsito em julgado da decisão judicial. Instrução Normativa RFB n.º 1.717, de 17 de julho de 2017: estabelece normas para a compensação de tributos no âmbito federal.

OS FUNDAMENTOS DA COMPENSAÇÃO DE CRÉDITOS JULGADOS DO STF SÃO:

- **ADI 4296:** Declarou a inconstitucionalidade do Art. 7º, §2º, da Lei n.º 12.016/2009, permitindo a concessão de medida liminar para compensação tributária.
- **REsp 98.295/96-PR:** Confirmou a aplicação do Art. 170 do CTN, para a compensação dos créditos tributários.

JÁ AS INSTRUÇÕES NORMATIVAS DA RECEITA FEDERAL SÃO:

- **Instrução Normativa RFB n.º 1.717, de 17 de julho de 2017:** Regulamenta a compensação de créditos tributários no âmbito da Receita Federal.
- **Instrução Normativa RFB n.º 2.055, de 06 de dezembro de 2021:** Atualiza normas relativas à compensação de tributos federais.

9.2. Procedimentos e requisitos para a compensação

Há alguns procedimentos e requisitos para conseguir a compensação tributária. Abaixo veja alguns, com exemplos de erros e acertos de como conseguir:

1. Autorização legal

A compensação tributária requer autorização legal, que pode ser específica para certos tipos de tributos ou créditos. A autorização é um elemento essencial para garantir a legalidade do processo.

Base legal:

- Art. 170, CTN.
- Art. 66, Lei n.º 8.383/91.
- Art. 74, Lei n.º 9.430/96.

Exemplos práticos:

- **Correto:** Empresa A apura crédito de PIS/Cofins e utiliza-o para compensar débitos de IRPJ/CSLL, conforme autorizado pelo Art.74 da Lei n.º 9.430/96.
- **Incorreto:** Empresa B tenta compensar crédito de ICMS com débitos de ISS, o que não é permitido, pois são tributos administrados por diferentes entes federativos.

2. Obrigações recíprocas e certas

Para a compensação ser válida, deve haver reciprocidade entre as obrigações do sujeito passivo e da Fazenda Pública, com créditos líquidos e certos.

Base legal:

- Art. 170, CTN.
- Art. 66, Lei n.º 8.383/91.

Exemplos práticos:

- **Correto:** Empresa C possui um crédito reconhecido judicialmente de PIS e utiliza este crédito para compensar débitos de PIS vincendos.
- **Incorreto:** Empresa D tenta compensar créditos que ainda estão sob disputa judicial sem trânsito em julgado, o que é vedado pelo Art. 170-A do CTN.

9.3. Procedimentos para apresentação da declaração de compensação

Como abordado no capítulo anterior, a Declaração de Compensação (DCOMP) deve ser gerada pelo sistema PER/DCOMP Web ou pelo Programa PER/DCOMP. Na impossibilidade de utilização desses sistemas, a compensação pode ser declarada via formulário específico, acompanhado de documentos comprobatórios do direito creditório.

1. Procedimento no PER/DCOMP

O sistema PER/DCOMP é utilizado para declarar a compensação de créditos tributários com débitos administrados pela Receita Federal. Este procedimento envolve:

1. Apuração do crédito: O crédito deve ser apurado e estar disponível no sistema.

2. Preenchimento da declaração: A DCOMP é preenchida e enviada eletronicamente.

2. Vinculação dos créditos:

O crédito é vinculado aos débitos específicos que se deseja compensar.

Base legal:

- Instrução Normativa RFB n.º 1.717, de 17 de julho de 2017: Regulamenta a compensação de créditos tributários no âmbito da Receita Federal.
- Instrução Normativa RFB n.º 2.055, de 06 de dezembro de 2021: Atualiza normas relativas à compensação de tributos federais.

Exemplos práticos:

- **Correto:** Empresa E apura um crédito de IPI e preenche a

DCOMP no PER/DCOMP, vinculando esse crédito a débitos de IPI do mesmo período.

- **Incorreto:** Empresa F preenche a DCOMP sem a apuração correta do crédito, resultando na não homologação da compensação.

3. Compensação de contribuições previdenciárias

Para as contribuições previdenciárias, o procedimento pode variar dependendo do sistema utilizado (eSocial ou GFIP – Guia de Recolhimento do Fundo de Garantia do Tempo de Serviço e Informações à Previdência Social). A compensação deve ser informada corretamente no sistema correspondente.

Base legal:

- Lei n.º 11.457/2007.
- Instrução Normativa RFB n.º 2.055, de 06 de dezembro de 2021: Atualiza normas relativas à compensação de tributos federais.

Exemplos práticos:

- **Correto:** Empresa G utiliza o eSocial para apuração das contribuições previdenciárias e realiza a compensação via DCTFWeb.
- **Incorreto:** Empresa H tenta compensar contribuições previdenciárias de períodos anteriores sem utilizar o eSocial, contrariando a legislação.

4. Erros comuns e parametrização legal

Empresas frequentemente cometem erros na compensação tributária por desconhecimento ou má interpretação da legislação. Alguns erros comuns incluem:

- **Compensação de créditos não autorizados pela Receita**

Federal do Brasil: Tentar compensar créditos que ainda não foram reconhecidos pela Receita Federal.

- **Compensação indevida de contribuições previdenciárias**: Compensar contribuições previdenciárias sem seguir os procedimentos específicos do eSocial ou GFIP.
- **Desconsideração das vedações legais:** Ignorar as vedações expressas na legislação, como compensar créditos de terceiros ou créditos decorrentes de decisões judiciais não transitadas em julgado.

Base legal:

- Art. 74, Lei n.º 9.430/96.
- Instrução Normativa RFB n.º 1.717, de 17 de julho de 2017: Regulamenta a compensação de créditos tributários no âmbito da Receita Federal.
- Instrução Normativa RFB n.º 2.055, de 06 de dezembro de 2021: Atualiza normas relativas à compensação de tributos federais.

Exemplos práticos:

- **Erro comum:** Empresa I tenta compensar um crédito de PIS apurado de forma incorreta, resultando na não homologação da compensação e na aplicação de multas e juros.
- **Parametrização correta:** Empresas devem seguir rigorosamente as instruções normativas e legislações específicas, mantendo registros detalhados e atualizados de todos os créditos e débitos.

Resumidamente, a compensação de créditos tributários é um processo detalhado

que exige conhecimento profundo da legislação e dos procedimentos administrativos.

Empresas devem estar atentas às normas específicas e utilizar corretamente os sistemas disponibilizados pela Receita Federal, para evitar erros que possam resultar em penalidades severas.

Para maior segurança, recomenda-se sempre consultar um especialista tributário e manter um controle rigoroso dos créditos e débitos passíveis de compensação, garantindo a conformidade com todas as exigências legais.

10

INSTRUÇÕES NORMATIVAS **COMENTADAS**

A Instrução Normativa RFB n.º 1.717, de 17 de julho de 2017, dispõe sobre os procedimentos para a compensação de créditos tributários no âmbito da Receita Federal do Brasil (RFB). Esta normativa é fundamental para os contribuintes que desejam utilizar seus créditos tributários para extinguir débitos perante a Fazenda Nacional. Este capítulo detalha os seus principais pontos.

A instrução normativa regulamenta os procedimentos para a compensação de créditos tributários relativos a tributos administrados pela RFB e que, posteriormente, foi alterada, porém com mais inovações, pela Instrução Normativa RFB n.º 2.055, de 06 de dezembro de 2021.

É uma normativa que facilita o entendimento e a operacionalização da compensação de créditos tributários, fornecendo um guia claro e estruturado ao contribuinte. Caso tenha crédito de PIS apurado e devidamente reconhecido, pode seguir os procedimentos da instrução normativa para compensar débitos de Cofins.

Os créditos que podem ser utilizados na compensação são aqueles relativos a tributos administrados pela RFB, exceto aqueles cuja legislação específica vede a compensação.

É uma normativa que esclarece quais créditos podem ser utilizados, evitando tentativas de compensação indevidas que poderiam resultar em penalidades. Um exemplo é o Crédito de IPI apurado, que pode ser compensado com débitos de IRPJ, desde que não haja vedação específica.

10.1. Procedimentos para a compensação

Os créditos a serem compensados devem ser líquidos e certos, o que significa que devem ser claramente apurados e reconhecidos. Assim garante que apenas créditos devidamente apurados e confirmados sejam utilizados, reduzindo riscos de compensações indevidas.

Por exemplo, se uma empresa X apura um crédito de PIS após revisão de suas declarações anteriores, obtém reconhecimento da Receita Federal antes de solicitar a compensação.

A compensação deve ser declarada pelo contribuinte por meio da Declaração de Compensação (DCOMP), que pode ser feita através do sistema PER/DCOMP Web. A DCOMP proporciona um meio eletrônico eficiente e seguro para declarar a compensação, agilizando o processo e permitindo maior controle sobre as compensações realizadas.

Dessa maneira, empresa Y deve preencher a DCOMP no PER/DCOMP Web, detalhando o crédito de IPI e os débitos de PIS a serem compensados, conforme orientações da Instrução Normativa RFB n.º 1.717, de 17 de julho de 2017, posteriormente revogada e mantido o texto pela Instrução Normativa RFB n.º 2.055, de 06 de dezembro de 2021.

PARA QUE A COMPENSAÇÃO SEJA VÁLIDA, É NECESSÁRIO QUE O CRÉDITO SEJA:

- Apurado de acordo com a legislação vigente
- De titularidade do contribuinte
- Líquido e certo

Desse modo, assegura que apenas créditos legítimos e devidamente apurados sejam utilizados, evitando questionamentos futuros. Então se empresa Z possui crédito de IRPJ decorrente de pagamento a maior, deve utilizar esse crédito para compensar débitos de CSLL, após verificar que atende a todos os requisitos mencionados.

A Instrução Normativa RFB n.º 1.717 estabelece várias vedações para a compensação, que depois foram moldadas no advento da Instrução Normativa RFB n.º 2.055, incluindo:

- Créditos de terceiros.
- Créditos relativos a tributos não administrados pela RFB.
- Créditos com exigibilidade suspensa.

Assim, evita a realização de compensações indevidas, que poderiam resultar em autuações e penalidades.

Por exemplo, empresa W deve evitar compensar créditos de ISS (tributo municipal) com débitos de IRPJ (tributo federal), dessa forma, respeitando a vedação de compensação entre tributos administrados por diferentes entes.

10.2. Processamento e homologação

Após a apresentação da DCOMP, a Receita Federal processará a declaração, podendo solicitar informações adicionais ou realizar auditorias.

É um procedimento transparente, no qual o contribuinte pode acompanhar o status de sua compensação e fornecer informações adicionais se necessário.

Assim, empresa V deve acompanhar o processamento de sua DCOMP por meio do e-CAC, respondendo prontamente a qualquer solicitação de informações adicionais feita pela Receita Federal.

Nesse sentido, a compensação será homologada tacitamente depois de cinco anos da data da apresentação da DCOMP, caso a Receita Federal não se manifeste contrariamente. Proporciona, então, segurança jurídica ao contribuinte, garantindo que a compensação sera considerada válida após o período de homologação tácita.

Logo, empresa U realiza uma compensação de crédito de PIS com débito de Cofins e, depois de cinco anos sem manifestação contrária da Receita Federal, considera a compensação homologada.

10.3. Erros comuns e melhorias

Um erro comum que os contribuintes cometem é tentar compensar créditos que ainda não foram reconhecidos pela Receita Federal. Outro é ignorar as vedações expressas na legislação, como compensar créditos de terceiros.

Por exemplo, empresa T sempre deve verificar se os créditos a serem compensados foram homologados e se não existem vedações legais para a compensação pretendida.

Então, algumas melhorias devem ser feitas na administração para evitar erros. Uma maneira certeira é consultar um especialista tributário para orientações detalhadas sobre a compensação, além de manter-se atualizado sobre mudanças na legislação e instruções normativas da Receita Federal.

Realizar essas recomendações garante que as compensações sejam feitas de acordo com as normas vigentes, reduzindo riscos e aumentando a eficiência tributária. Por exemplo, empresa S contrata uma consultoria tributária para revisar seus créditos e débitos periodicamente, garantindo que todas as compensações sejam realizadas corretamente.

Em conclusão, a Instrução Normativa RFB n.º 1.717, de 17 de julho de 2017, fornece um *framework* claro e detalhado para a compensação de créditos tributários, oferecendo diversos benefícios aos contribuintes, como segurança jurídica, transparência e eficiência. Seguir rigorosamente os procedimentos e requisitos estabelecidos pela instrução normativa é essencial para evitar penalidades e garantir o sucesso das compensações.

Portanto, contribuintes devem estar atentos às vedações e buscar orientação especializada sempre que necessário, para assegurar a conformidade com as normas tributárias vigentes, posteriormente revogadas pelo advento da inovação da Instrução Normativa RFB n.º 2.055, de 06 de dezembro de 2021.

11

INSTRUÇÃO NORMATIVA **N.º 2.055 E AS MUDANÇAS NAS REGRAS**

A Instrução Normativa RFB n.º 2.055, de 06 de dezembro de 2021, dispõe sobre os procedimentos para a compensação de créditos tributários no âmbito da Receita Federal do Brasil (RFB). Esta Normativa é essencial para os contribuintes que desejam utilizar seus créditos tributários para extinguir débitos perante a Fazenda Nacional.

Este capítulo detalha os seus principais pontos, seus benefícios para o contribuinte e como utilizar a instrução em diferentes situações práticas. Além disso, apresenta as bases legais e leis que fundamentam essa normativa.

11.1. Definição da Instrução Normativa RFB n.º 2.055

A Instrução Normativa RFB n.º 2.055, de 06 de dezembro de 2021, regulamenta os procedimentos para a compensação de créditos tributários relativos a tributos administrados pela Receita Federal do Brasil (RFB). A normativa facilita o entendimento e a operacionalização da compensação de créditos tributários, fornecendo um guia claro e estruturado ao contribuinte.

Um bom exemplo é se um contribuinte tem crédito de PIS apurado e devidamente reconhecido, pode seguir os procedimentos da Instrução Normativa RFB n.º 2.055 para compensar os débitos da Cofins.

Base legal:

- Art. 170, CTN: Autoriza a compensação de créditos tributários.
- Lei n.º 9.430/96, Art. 74: Detalha os procedimentos e restrições para a compensação de tributos federais.

11.2. Procedimentos para a compensação da Normativa 2.025

A normativa, então, esclarece quais créditos podem ser utilizados, evitando tentativas de compensação indevidas que poderiam resultar em penalidades.

Por exemplo, o crédito de IPI apurado pode ser compensado com débitos de IRPJ, desde que não haja vedação específica.

Base legal:

- Art. 66, Lei n.º 8.383/91: Define os tributos compensáveis no âmbito federal.

Os créditos a serem compensados devem ser líquidos e certos, o que significa que devem ser claramente apurados e reconhecidos. Assim, garante que apenas créditos devidamente apurados e confirmados sejam utilizados, reduzindo riscos de compensações indevidas.

Então empresa X deve apurar um crédito de PIS após a revisão de suas declarações anteriores e, assim, obter reconhecimento da Receita Federal antes de solicitar a compensação.

Base legal:

- Art. 170, CTN.

A compensação deve ser declarada pelo contribuinte por meio da Declaração de Compensação (DCOMP), que pode ser feita através do sistema PER/DCOMP Web. Assim, proporcionando um meio eletrônico eficiente e seguro para declarar a compensação, o que agiliza o processo e permite maior controle sobre as compensações realizadas.

Portanto, empresa Y deve preencher a DCOMP no PER/DCOMP Web, detalhando o crédito de IPI e os débitos de PIS a serem compensados, conforme orientações da Instrução Normativa RFB n.º 1.717, de 17 de julho de 2017.

Base legal:

- Art. 74, Lei n.º 9.430/96.
- Instrução Normativa RFB n.º 1.717, de 17 de julho de 2017.

11.3. Requisitos e vedações

PARA QUE A COMPENSAÇÃO SEJA VÁLIDA, É NECESSÁRIO QUE O CRÉDITO SEJA:

- Apurado de acordo com a legislação vigente
- De titularidade do contribuinte
- Líquido e certo

Isso assegura que apenas créditos legítimos e devidamente apurados sejam utilizados, evitando questionamentos futuros. Por exemplo, empresa Z deve possuir crédito de IRPJ decorrente de pagamento a maior e utiliza este crédito para compensar débitos de CSLL, após verificar que atende a todos os requisitos mencionados.

Base legal:

- Art. 170, CTN.

Quanto às vedações, a Instrução Normativa RFB n.º 2.055 estabelece várias para a compensação, incluindo:

- Créditos de terceiros.
- Créditos relativos a tributos não administrados pela RFB.
- Créditos com exigibilidade suspensa.

Dessa maneira, evita a realização de compensações indevidas, que poderiam resultar em autuações e penalidades. Exemplo, empresa W evita compensar créditos de ISS (tributo municipal) com débitos de IRPJ (tributo federal), respeitando a vedação de compensação entre tributos administrados por diferentes entes.

Base legal:

- Art. 74, Lei n.º 9.430/96.

11.4. Processamento e homologação

Após a apresentação da DCOMP, a Receita Federal processará a declaração, podendo solicitar informações adicionais ou realizar auditorias. É um procedimento transparente, em que o contribuinte pode acompanhar o status de sua compensação e fornecer informações adicionais se necessário.

Logo, empresa V acompanha o processamento de sua DCOMP através do e-CAC, respondendo prontamente a qualquer solicitação de informações adicionais feita pela Receita Federal.

Base legal:

- Art. 74, Lei n.º 9.430/96.

A compensação será homologada tacitamente depois de cinco anos da data da apresentação da DCOMP, caso a Receita Federal não se manifeste contrariamente. Proporciona, assim, segurança jurídica ao contribuinte, garantindo que a compensação será considerada válida após o período de homologação tácita.

Exemplificando, empresa U realiza uma compensação de crédito de PIS com débito da Cofins e, depois de cinco anos sem manifestação contrária da Receita Federal, considera a compensação homologada.

Base legal:

- Art. 74, Lei n.º 9.430/96.

11.5. Casos práticos e jurisprudências

Nesta seção, abordaremos alguns exemplos práticos da normativa, tanto os corretos quanto os erros mais comuns.

Exemplo correto:

Empresa J possui um crédito de PIS reconhecido em decisão judicial transitada em julgado. Antes de realizar a compensação, a empresa consulta a Instrução Normativa RFB n.º 2.055, para confirmar os procedimentos corretos.

A DCOMP é preenchida corretamente no PER/DCOMP, detalhando o crédito e os débitos compensados, e a Receita Federal homologa a compensação após verificar a conformidade da declaração.

Exemplo incorreto:

Empresa K tenta compensar um crédito de ISS com débitos de IRPJ, o que não é permitido, resultando na rejeição da DCOMP e na aplicação de multas e juros pela Receita Federal.

Evitar erros comuns pode prevenir autuações e penalidades, garantindo uma compensação correta e eficaz. Por isso, alguns erros devem ser evitados e são os mais comuns praticados pelos contribuintes:

- Tentar compensar créditos que ainda não foram reconhecidos pela Receita Federal.
- Ignorar as vedações expressas na legislação, como compensar créditos de terceiros.

Então, empresa T sempre deve verificar se os créditos a serem compensados foram homologados e se não existem vedações legais para a compensação pretendida.

Deve-se consultar um especialista tributário para orientações detalhadas sobre a compensação e manter-se atualizado sobre mudanças na legislação e instruções normativas da Receita Federal.

Afinal, é o que garante que as compensações sejam feitas de acordo com as normas vigentes, reduzindo riscos e aumentando a eficiência tributária.

Sendo assim, empresa S contrata uma consultoria tributária para revisar seus créditos e débitos periodicamente, garantindo que todas as compensações sejam realizadas corretamente.

A Instrução Normativa RFB n.º 2.055, de 27 de dezembro de 2021, fornece um *framework* claro e detalhado para a compensação de créditos tributários, oferecendo diversos benefícios aos contribuintes, como segurança jurídica, transparência e eficiência. Seguir rigorosamente os procedimentos e requisitos estabelecidos pela IN é essencial para evitar penalidades e garantir o sucesso das compensações.

CONTRIBUINTES DEVEM ESTAR ATENTOS ÀS VEDAÇÕES E BUSCAR ORIENTAÇÃO ESPECIALIZADA SEMPRE QUE NECESSÁRIO PARA ASSEGURAR A CONFORMIDADE COM AS NORMAS TRIBUTÁRIAS VIGENTES.

12

HOMOLOGAÇÃO TÁCITA NA COMPENSAÇÃO DE **CRÉDITOS TRIBUTÁRIOS**

A homologação tácita é fundamental no direito tributário brasileiro, especialmente no contexto da compensação de créditos tributários. Este capítulo aborda o conceito de homologação tácita, detalha sua base legal e apresenta a instrumentalização desse procedimento, destacando o entendimento da Receita Federal do Brasil (RFB) sobre a baixa automática dos débitos no e-CAC (Centro Virtual de Atendimento ao Contribuinte) como forma de extinção por compensação.

A homologação tácita ocorre quando a administração tributária não se manifesta sobre determinado ato do contribuinte dentro de um prazo legalmente estabelecido, implicando a aceitação desse ato.

No caso da compensação de créditos tributários, a homologação tácita significa que a compensação realizada pelo contribuinte é considerada válida se a Receita Federal não se manifestar contrariamente no prazo de cinco anos.

Está fundamentada em diversas disposições legais e infralegais que estabelecem os parâmetros e o prazo para sua efetivação. O Código Tributário Nacional (CTN), no Art. 150, §4º, estabelece que o lançamento por homologação se considera tacitamente homologado se a Fazenda Pública não se manifestar dentro do prazo de cinco anos contados da ocorrência do fato gerador.

12.1. Textos legais da homologação

O já citado Art. 150, §4° diz que "se a lei não fixar prazo da homologação, será homologado tacitamente o lançamento se, após 5 (cinco) anos contados da ocorrência do fato gerador, a Fazenda Pública não tiver se pronunciado".

O Art. 156, VII, reconhece a homologação tácita como uma das formas de extinção do crédito tributário.

No Art. 156, extingue o crédito tributário:

VII – a homologação, tácita ou expressa, do lançamento efetuado pelo contribuinte, nos termos do Art. 150 e seus §§ 4° e 5°.

A Lei n.° 9.430/96, Art. 74, §5° e §5°-A, prevê que a compensação declarada pelo contribuinte será homologada tacitamente após o prazo de cinco anos, caso não haja manifestação da RFB. O texto legal diz que:

"Art. 74 [...]

§5° – A compensação declarada à Secretaria da Receita Federal extingue o crédito tributário, sob condição resolutória de sua ulterior homologação.

§5°-A. – A homologação da compensação declarada à Secretaria da Receita Federal dar-se-á de forma expressa, nos termos e condições estabelecidos pela Secretaria da Receita Federal, ou tácita, após o decurso do prazo de cinco anos, contado da data da entrega da declaração de compensação, se não houver manifestação da autoridade administrativa".

12.2 Instruções normativas e a instrumentalização da homologação tácita

As Instruções Normativas n.º 1.717 e n.º 2.055, vistas no capítulo anterior, aplicam a homologação tática das seguintes formas:

- **Instrução Normativa RFB n.º 1.717, de 17 de julho de 2017:** Define os procedimentos para a compensação e detalha os aspectos da homologação tácita.
- **Instrução Normativa RFB n.º 2.055, de 27 de dezembro de 2021:** Atualiza e complementa as normas sobre a compensação de tributos federais, mantendo as disposições sobre homologação tácita.

Desse modo, o processo de homologação tácita começa com a Declaração de Compensação (DCOMP), que o contribuinte deve apresentar à Receita Federal por meio do sistema PER/DCOMP Web, como visto anteriormente. Essa declaração contém todas as informações necessárias sobre os créditos e débitos compensados. Então empresa A apresenta uma DCOMP detalhando a compensação de crédito de IPI, com débitos de IRPJ, seguindo todos os procedimentos estabelecidos.

Com base nos artigos e Art. 74, §5º-A, Lei n.º 9.430/96, a Receita Federal tem um prazo de cinco anos, a contar da data da apresentação da DCOMP, para se manifestar sobre a compensação. Se a Receita não se manifestar dentro desse prazo, a compensação é considerada tacitamente homologada.

Então, um exemplo: empresa B apresenta uma DCOMP em janeiro de 2020. Se até janeiro de 2025 a Receita Federal não se manifestar contrariamente, a compensação será considerada tacitamente homologada.

A homologação da compensação também já se dá de forma automática após a baixa do débito no e-CAC como compensação por extinção. Isso significa que a Receita Federal do Brasil reconhece a compensação ao baixar os débitos, desde que os créditos utilizados sejam líquidos e certos.

Sendo assim, empresa C verifica no e-CAC que seus débitos foram baixados por compensação, indicando a homologação automática da compensação realizada com créditos reconhecidos.

De acordo com o Art. 156, VII, CTN e Art. 74, §5º-A, Lei n.º 9.430/96, a homologação tácita extingue o crédito tributário, garantindo ao contribuinte a segurança jurídica de que a compensação foi aceita pela administração tributária. Isso significa que, após o prazo de cinco anos, a compensação não pode mais ser questionada pela Receita Federal, salvo em casos de dolo, fraude ou simulação.

Após a homologação tácita da compensação, por exemplo, empresa D pode considerar o débito extinto e registrar a operação em sua contabilidade com segurança jurídica.

12.3. Benefícios da homologação tácita para o contribuinte

Um dos benefícios que a homologação tácita proporciona ao contribuinte é a segurança jurídica, pois, depois do prazo de cinco anos, a compensação não pode mais ser contestada pela Receita Federal. Então, se empresa E realiza compensações regularmente, após a homologação tácita, pode considerar essas operações definitivas e sem risco de autuação.

Também torna o processo de compensação mais ágil, permitindo que o contribuinte continue suas operações financeiras sem a necessidade de esperar uma manifestação expressa da Receita Federal. Se empresa F utiliza a homologação tácita para planejar melhor seu fluxo de caixa, suas compensações serão aceitas depois do prazo de cinco anos.

E a previsão de homologação tácita ajuda a reduzir litígios entre contribuintes e a administração tributária, pois estabelece um prazo claro para a manifestação da Receita Federal. Logo, no exemplo, empresa G evita disputas judiciais desnecessárias ao contar com a homologação tácita para validar suas compensações.

Em conclusão, a homologação tácita na compensação de créditos tributários é um mecanismo essencial, que proporciona segurança jurídica, eficiência e previsibilidade para os contribuintes.

Com uma base legal robusta, incluindo o Código Tributário Nacional e a Lei n.º 9.430/96, além de instruções normativas detalhadas, a homologação tácita garante que, após o decurso do prazo de cinco anos sem manifestação da Receita Federal, as compensações realizadas pelos contribuintes sejam consideradas válidas e definitivas.

Além disso, a baixa automática dos débitos no e-CAC, como compensação por extinção, demonstra a aceitação da compensação pela administração tributária, desde que os créditos sejam líquidos e certos. Desse modo, os contribuintes devem seguir rigorosamente os procedimentos estabelecidos e manter registros detalhados de suas operações para garantir o sucesso da homologação tácita.

13

IRREVERSIBILIDADE **DA BAIXA DE DÉBITO NO E-CAC**

A baixa de débitos tributários no sistema e-CAC (Centro Virtual de Atendimento ao Contribuinte) da Receita Federal do Brasil (RFB) é um procedimento que confere segurança jurídica aos contribuintes. Uma vez que um débito é baixado, indicando sua extinção, ele não pode mais ser reativado, exceto em casos específicos, como dolo, fraude ou simulação.

A extinção do crédito tributário ocorre quando a obrigação do contribuinte é considerada cumprida, não havendo mais exigibilidade do débito.

Um dos métodos de extinção é a compensação de créditos tributários, que pode ser homologada de forma tácita ou expressa.

O Código Tributário Nacional (CTN), Art.º 156 diz que: "Extinguem o crédito tributário: (...) VII – o pagamento antecipado e a homologação do lançamento nos termos do disposto no Artigo 150 e seus §§ 1º e 4º".

13.1. Procedimento de baixa de débitos no e-CAC e sua irreversibilidade

A baixa de débitos no e-CAC ocorre quando a Receita Federal reconhece a compensação de créditos efetuada pelo contribuinte. Esse reconhecimento pode ser automático, resultando na extinção do débito. A Lei n.º 9.430/96, Art. 74, §5º-A cita que:

"A homologação da compensação declarada à Secretaria da Receita Federal dar-se-á de forma expressa, nos termos e condições estabelecidos pela Secretaria da Receita Federal, ou tácita, após o decurso do prazo de cinco anos contado da data da entrega da declaração de compensação, se não houver manifestação da autoridade administrativa".

A Instrução Normativa RFB n.º 2.055, de 06 de dezembro de 2021, citada anteriormente, detalha os procedimentos de compensação e a consequente baixa de débitos no sistema e-CAC.

Após a homologação tácita ou expressa, a irreversibilidade da baixa de débitos está garantida pela legislação tributária brasileira. A partir do momento em que a compensação é homologada (expressa ou tacitamente), o débito é considerado extinto e não pode ser reativado. (Código Tributário Nacional (CTN), Art. 150, §4º).

13.2 Procedimentos da Receita Federal, segurança jurídica e extinção definitiva

Ao baixar um débito no e-CAC, a Receita Federal reconhece a compensação de créditos tributários declarada pelo contribuinte. Este procedimento é baseado na análise e validação dos créditos apresentados, assegurando que são líquidos e certos. Após essa baixa, o débito é considerado extinto.

De acordo com a Instrução Normativa RFB n.º 1.717, de 17 de julho de 2017:

"Art. 27. A compensação declarada pelo sujeito passivo extingue o crédito tributário, sob condição resolutória de ulterior homologação".

"Art. 28. A homologação da compensação declarada pelo sujeito passivo dar-se-á de forma expressa, nos termos e condições estabelecidos pela Secretaria da Receita Federal do Brasil, ou tácita, após o decurso do prazo de cinco anos contado da data da entrega da declaração de compensação, se não houver manifestação da autoridade administrativa".

Como dito, a baixa dos débitos no e-CAC proporciona segurança jurídica ao contribuinte, pois garante que a compensação foi aceita e o débito foi extinto. Segundo o Código Tributário Nacional (CTN), Art. 156, VII diz que: "Extinguem o crédito tributário: (...) VII — a homologação, tácita ou expressa, do lançamento efetuado pelo contribuinte, nos termos do Art. 150 e seus §§ 4º e 5º".

Este procedimento é irreversível, salvo em casos de comprovada fraude, dolo ou simulação. Nestes casos, a administração tributária tem o direito de reativar os débitos e exigir o pagamento dos tributos devidos, de acordo com o Código Tributário Nacional (CTN), Art. 150, §4º:

Se a lei não fixar prazo a homologação, será homologado tacitamente o lançamento se, após 5 (cinco) anos contados da ocorrência do fato gerador, a Fazenda Pública não tiver se pronunciado, salvo se comprovada a ocorrência de dolo, fraude ou simulação.

13.3. Exemplos práticos

Veja alguns exemplos práticos de como utilizar a baixa de créditos:

Exemplo 1:

Empresa A apresenta uma DCOMP em janeiro de 2018 para compensar créditos de IPI com débitos de IRPJ. A Receita Federal não se manifesta até janeiro de 2023, e os débitos são baixados no e-CAC. A partir deste momento, a compensação é considerada tacitamente homologada e os débitos extintos definitivamente.

Exemplo 2:

Empresa B detecta um erro em sua compensação após a baixa dos débitos no e-CAC. A Receita Federal verifica que o crédito utilizado era fraudulento. Neste caso, a compensação pode ser desfeita e os débitos reativados, além de possíveis penalidades aplicáveis.

Em conclusão, para se ter segurança jurídica, o contribuinte precisa realizar a baixa de débitos no e-CAC após a homologação tácita, assim terá certeza de que a compensação foi aceita e os débitos foram extintos.

A legislação tributária brasileira, incluindo o Código Tributário Nacional e a Lei n.º 9.430/96, ampara essa irreversibilidade, exceto em casos de dolo, fraude ou simulação.

Seguir os procedimentos estabelecidos pelas instruções normativas da Receita Federal é crucial para garantir que a compensação seja realizada corretamente, evitando a reativação de débitos.

14

AS FUNÇÕES DO E-CAC E SUAS **INSTRUMENTALIZAÇÕES**

Como apresentado, o e-CAC é uma plataforma digital da Receita Federal do Brasil (RFB) que oferece uma ampla gama de serviços eletrônicos para facilitar a vida dos contribuintes.

Pode ser acessado por meio de um certificado digital, que garante a segurança e autenticidade das transações realizadas. Tem como base a Medida Provisória n.º 2.200-2/2001, que institui a Infraestrutura de Chaves Públicas Brasileira (ICP-Brasil), regulando o uso de certificados digitais.

Os contribuintes também podem acessar o e-CAC utilizando um código de acesso, que pode ser gerado no próprio site da Receita Federal. A Instrução Normativa RFB n.º 969/2009 estabelece procedimentos para a geração do código de acesso e assim o contribuinte poder utilizar os serviços eletrônicos.

14.1. Principais funções do e-CAC: declarações e documentos fiscais

O e-CAC permite que os contribuintes consultem sua situação fiscal e regularizem pendências de forma rápida e eficiente. A Instrução Normativa RFB n.º 1.500/2014 dispõe o e-CAC sobre a prova de regularidade fiscal perante a Fazenda Nacional.

COM O E-CAC É PERMITIDO:

- Consulta de débitos tributários e situação cadastral.
- Emissão de certidões negativas de débitos (CND).

Desse modo, permite a identificação e regularização de débitos e pendências fiscais de forma ágil, evitando complicações futuras. Da mesma forma, os contribuintes podem apresentar declarações e documentos fiscais diretamente pelo e-CAC, incluindo a Declaração de Imposto de Renda de Pessoa Física (DIRPF), Declaração de Débitos e Créditos Tributários Federais (DCTF) e outras obrigações acessórias.

No e-CAC, também se pode, segundo a Instrução Normativa RFB n.º 1.252/2012, que dispõe sobre a apresentação de declarações, demonstrativos e documentos digitais:

- Enviar declarações e retificações.
- Receber notificações e comprovantes de entrega.

Assim, facilita a entrega e a gestão de obrigações fiscais, reduzindo a necessidade de deslocamentos e burocracia.

14.2 Parcelamento de débitos e compensação de créditos tributários

Com base na Lei n.º 10.522/2002 — dispõe sobre o parcelamento de débitos tributários —, o e-CAC oferece a possibilidade de solicitar o parcelamento de débitos tributários, permitindo que os contribuintes regularizem suas dívidas em condições mais favoráveis.

PODE-SE FAZER:

- A solicitação de parcelamento ordinário e especial.
- O acompanhamento das parcelas e situação do parcelamento.

Dessa forma, o e-CAC proporciona flexibilidade no pagamento de débitos, facilitando a regularização fiscal. Assim como permite a compensação de créditos tributários com débitos existentes, utilizando o sistema PER/DCOMP.

ALÉM DO CONTRIBUINTE PODER FAZER:

- A declaração de compensação de créditos.
- O acompanhamento do processamento e homologação das compensações.

No fim, o e-CAC permite a utilização de créditos tributários para extinguir débitos, melhorando a gestão financeira da empresa. Isso com base nas leis:

- **Lei n.º 9.430/1996, Art. 74:** Estabelece a possibilidade de compensação de créditos tributários.
- **Instrução Normativa RFB n.º 1.717, de 17 de julho de 2017:** Define os procedimentos para a compensação de créditos tributários.

14.3. Atendimento virtual, processos digitais e emissão de certidões

O e-CAC oferece serviços de atendimento virtual, permitindo que os contribuintes abram processos digitais para resolver diversas questões tributárias. Com base na Instrução Normativa RFB n.º 1.782/2018, que regulamenta o atendimento virtual e os processos digitais na Receita Federal.

ASSIM COMO:

- Fazer a abertura de dossiês digitais.
- Realizar o acompanhamento de processos administrativos fiscais.
- Enviar documentos e recursos.

Enfim, o e-CAC facilita o acompanhamento de processos e a resolução de pendências sem a necessidade de comparecimento presencial. Da mesma forma, os contribuintes podem solicitar e emitir certidões fiscais, como a Certidão Negativa de Débitos (CND) e a Certidão Positiva com Efeitos de Negativa (CPEN). Como também:

- Solicitação e emissão de certidões diretamente no portal.
- Consulta à autenticidade das certidões emitidas.

A emissão de certidões pelo e-CAC tem base na Lei n.º 10.522/2002, que dispõe sobre a regularidade fiscal e a emissão de certidões. O e-CAC, em resumo, garante a agilidade na obtenção de documentos essenciais para diversas transações comerciais e administrativas.

14.4. Consulta a processos judiciais e administrativos

A Lei n.º 11.419/2006 dispõe sobre a informatização do processo judicial, o que permite realizar consultas a processos judiciais e administrativos no e-CAC. Desse modo, falicita o acompanhamento de ações em que o contribuinte é parte interessada.

Logo, proporciona transparência e facilita o acompanhamento de litígios fiscais. Com o e-CAC o contribuinte também pode:

- Ter acesso a informações sobre processos fiscais.
- Consultar o andamento de decisões proferidas.

O e-CAC é uma ferramenta poderosa que, quando utilizada corretamente, pode trazer inúmeros benefícios para os contribuintes. A seguir, destacam-se algumas formas de maximizar esses benefícios e de reduzir custos:

1. **Regularização proativa:**

Manter a situação fiscal regularizada evita multas e autuações. O uso regular do e-CAC para verificar débitos e pendências permite a resolução proativa de problemas fiscais.

2. **Gestão eficiente de obrigações:**

Centralizar a entrega e gestão de declarações fiscais no e-CAC otimiza os processos internos, economizando tempo e recursos.

3. **Economia de tempo e deslocamento:**

O e-CAC elimina a necessidade de comparecimento presencial em unidades da Receita Federal, reduzindo custos com deslocamentos e tempo despendido.

4. **Simplificação de processos:**

A digitalização dos processos fiscais simplifica a gestão

documental, reduzindo a necessidade de impressão e armazenamento físico de documentos.

COM O E-CAC HÁ MAIS SEGURANÇA E CONFIABILIDADE:

1. Autenticidade e segurança:

O acesso ao e-CAC por certificado digital garante a segurança das transações, protegendo as informações fiscais do contribuinte.

2. Transparência e controle:

O e-CAC oferece transparência nas interações com a Receita Federal, permitindo que os contribuintes acompanhem todas as ações e notificações em tempo real. Em suma, o e-CAC é uma plataforma essencial para a gestão fiscal dos contribuintes, oferecendo uma variedade de serviços que facilitam o cumprimento das obrigações tributárias e a regularização da situação fiscal.

Com uma base legal robusta, proporciona segurança jurídica, eficiência operacional e redução de custos.

Ao utilizar todas as funcionalidades disponíveis no e-CAC de forma estratégica, pode trazer inúmeros benefícios, ao contribuinte, garantindo uma gestão fiscal mais eficaz e segura.

15

RECUPERAÇÃO DE **CRÉDITOS FISCAIS**

A correta escrituração contábil é essencial para a transparência e regularidade fiscal de qualquer empresa. Contudo, inconsistências contábeis podem ocorrer, gerando a necessidade de ajustar e recuperar créditos tributários.

Este capítulo aborda os passos para identificar e corrigir essas inconsistências, atualizar os valores dos créditos e como proceder com seu lançamento na escrituração contábil e fiscal para uma compensação posterior.

A recuperação de créditos fiscais, em decorrência de inconsistências contábeis, requer uma abordagem sistemática e aderência às normas legais. Deve-se entender os passos para identificar, corrigir e lançar novamente esses créditos conforme a legislação brasileira vigente.

- **Lei n.º 9.430/1996:** Dispõe sobre a legislação tributária federal.
- **Lei n.º 12.973/2014:** Traz alterações relevantes na legislação tributária federal.
- **Instrução Normativa RFB n.º 1.717, de 17 de julho de 2017:** Disciplina a restituição, a compensação, o reembolso e o ressarcimento de tributos administrados pela Secretaria da Receita Federal do Brasil.
- **Instrução Normativa RFB n.º 2.055, de 06 de dezembro de 2021:** Atualiza a IN RFB n.º 1.717, abrangendo procedimentos de compensação tributária.
- **Normas Brasileiras de Contabilidade (NBC):** Emitidas pelo CFC (Conselho Federal de Contabilidade).

15.1. Identificação e correção das inconsistências contábeis

Uma forma de identificar as inconsistências contábeis é fazendo uma revisão contábil. Deve-se realizar uma auditoria interna ou externa para identificar as inconsistências. Foque em lançamentos que não seguem os princípios contábeis ou tributos apurados incorretamente.

Além disso, verifique documentos de suporte, como notas fiscais, recibos, contratos e outros comprovantes de operações efetivadas. Algumas inconsistências que podem ser encontradas durante a revisão são:

- **Erros de classificação:** Lançamentos em contas erradas.
- **Erros de mensuração:** Valores lançados incorretamente.
- **Erros de reconhecimento**: Inadequação do momento do reconhecimento de receitas ou despesas.

Os créditos tributários resultantes de erros na escrituração contábil podem se originar de diversas situações, como:

- **Inclusão indevida de valores:** Valores que não deveriam ser contabilizados como receita ou despesa.
- **Cálculos incorretos de impostos:** Erros nas alíquotas ou na base de cálculo dos tributos.
- **Omissões**: Despesas ou receitas não registradas adequadamente.

ALGUNS ERROS PODEM CAUSAR O PAGAMENTO EM EXCESSO DE TRIBUTOS, GERANDO CRÉDITOS QUE AS EMPRESAS TÊM O DIREITO DE RECUPERAR OU COMPENSAR.

No Brasil, a legislação oferece mecanismos para que as empresas possam corrigir seus erros contábeis e utilizar os créditos tributários resultantes.

A Lei n.º 9.430/1996, por exemplo, estabelece procedimentos claros para a compensação e restituição de tributos pagos a maior.

OS PRINCIPAIS DISPOSITIVOS LEGAIS QUE OS CONTRIBUINTES SÃO:

- **Lei n.º 9.430/1996:** Disciplina a compensação de tributos federais.
- **Instruções Normativas da Receita Federal**: Regulam os procedimentos administrativos para a correção de erros e utilização de créditos.
- **Instrução Normativa RFB n.º 1.717, de 17 de julho de 2017:** Disciplina a restituição, a compensação, o reembolso e o ressarcimento de tributos administrados pela Secretaria da Receita Federal do Brasil.
- **Instrução Normativa RFB n.º 2.055, de 06 de dezembro de 2021:** Atualiza a IN RFB n.º 1.717, abrangendo procedimentos de compensação tributária.

15.2. Validação do uso dos créditos após a correção das inconsistências

Após a identificação e correção dos erros contábeis, as empresas devem seguir procedimentos específicos para validar o uso dos créditos tributários. Isso inclui a retificação de declarações fiscais e a apresentação de documentação comprobatória.

1. **Correção contábil**: Ajuste dos lançamentos contábeis incorretos.
2. **Retificação das declarações:** Atualização das declarações fiscais pertinentes, como DCTF (Declaração de Débitos e Créditos Tributários Federais) e EFD-Contribuições.
3. **Pedido de compensação ou restituição**: Formalização de pedidos junto à Receita Federal, seguindo os procedimentos estabelecidos.

Desse modo, para atualizar as Declarações de Débitos e Créditos Tributários Federais (DCTF), com o intuito de corrigir erros, é necessário seguir os passos descritos abaixo:

- **Passo 1:** Acesse o Portal e-CAC pelo site da Receita Federal do Brasil.
- **Passo 2**: Faça login, utilizando suas credenciais (Certificado Digital ou Código de Acesso).
- **Passo 3:** No menu principal, selecione a opção correspondente à DCTF.
- **Passo 4:** Escolha a opção para a retificação de declaração.
- **Passo 5**: Insira os dados necessários para identificar a declaração que será corrigida (número do recibo, período de apuração etc.).
- **Passo 6**: Faça as correções necessárias na declaração.
- **Passo 7**: Verifique todas as informações corrigidas para garantir que não haja novos erros.
- **Passo 8:** Envie a declaração retificadora por meio do próprio Portal e-CAC.
- **Passo 9**: Após o envio, guarde o comprovante da retificação e confira se a Receita Federal processou corretamente a atualização.

É fundamental garantir que todas as informações corrigidas estejam precisas e completas para evitar futuras complicações. Por isso, mantenha registros detalhados de todas as retificações realizadas, incluindo datas e motivos.

Por fim, os créditos tributários originados de erros na escrita contábil podem ser compensados ou restituídos, desde que as inconsistências sejam devidamente corrigidas e os procedimentos legais sejam seguidos. Compreender e aplicar corretamente a legislação vigente é crucial para que as empresas possam recuperar valores pagos indevidamente, mantendo a regularidade fiscal e otimizando seus recursos financeiros.

RECOMENDA-SE A CONSULTA A ESPECIALISTAS CONTÁBEIS E TRIBUTÁRIOS, PARA, ASSIM, TER UM ENTENDIMENTO MAIS APROFUNDADO E EFICIENTE NA APLICAÇÃO DOS CRÉDITOS.

16

MÉTODOS DE PROCEDIMENTOS DE CORREÇÃO DAS **INCONSISTÊNCIAS CONTÁBEIS**

Como visto no capítulo anterior, pode haver algumas inconsistências contábeis que precisam ser corrigidas. Neste capítulo, veremos alguns procedimentos, segundo Celso de Araujo e Agnaldo de Campos, para corrigir essas inconsistências.

16.1. Identificação das inconsistências

- **Passo 1:** Realize uma revisão detalhada dos registros contábeis e das demonstrações financeiras para identificar quaisquer discrepâncias ou erros.
- **Base legal:** Lei n.º 6.404/1976, Artigos 177 e 178; Resolução CFC n.º 1.282/2010.
- **Passo 2:** Utilize ferramentas de auditoria e software contábil para ajudar na detecção de inconsistências.

16.2. Base legal da ferramenta de auditoria tributária

A auditoria dos processos tributários é regida por uma série de leis e normativas no Brasil. Em particular, a Lei n.º 9.430/1996 (Lei Geral Tributária) e a Lei Complementar n.º 123/2006 (Lei do Simples Nacional) são algumas das principais legislações que fornecem diretrizes sobre auditorias, fiscalizações e procedimento de revisão.

Além disso, existem diversas instruções normativas, resoluções e portarias que detalham procedimentos específicos de auditoria tributária conduzidos pela Receita Federal do Brasil (RFB). Aqui estão alguns pontos importantes relacionados às leis e regulamentações que tratam da auditoria de processos tributários:

1. Lei n.º 9.430/1996 (Lei Geral Tributária)

Dispõe sobre a legislação tributária federal em relação ao Imposto de Renda, à contribuição social sobre o lucro, à contribuição para o PIS/PASEP e Cofins, além de outras tributações e normativas.

ARTIGOS RELACIONADOS:

- Arts. 1º a 4º: Tratam sobre a apuração do lucro real.
- Art. 47 º: Autoriza a administração tributária a revisar declarações e procedimentos fiscais.
- Art. 44 º: Define penalidades e multas por infrações tributárias.

2. Lei Complementar n.º 123/2006 (Lei do Simples Nacional)

Institui o Estatuto Nacional da Microempresa e da Empresa de Pequeno Porte, oferecendo regras simplificadas de tributação.

ARTIGOS RELACIONADOS:

- Arts. 29 a 40: Tratam das atribuições e controle pela Receita Federal, Estadual e Municipal.
- Art. 48: Define a fiscalização e auditoria conforme normas do Simples Nacional específicas para MEs e EPPs.
- Art. 55: Dispõe sobre a fiscalização, a auditoria contábil e a auditoria financeira.

3. Instruções Normativas da Receita Federal (Diversas INs)

- Instrução Normativa RFB n.º 1.432/2013: Estabelece procedimentos para auditorias fiscais, inclusive, as decorrentes de processos de revisão tributária.
- Instrução Normativa RFB n.º 1.234/2012: Dispõe sobre a fiscalização, monitoramento e acompanhamento especial de grandes contribuintes.

4. Constituição Federal de 1988

- Art. 70: Dispõe sobre a fiscalização contábil quanto à legalidade e transparência das contas públicas.
- Arts. 145 a 156: Definem os princípios tributários e a competência da União, dos estados e municípios e do Distrito Federal em matéria tributária.

5. Lei n.º 10.180/2001

- Art. 4º: Dispõe sobre a organização e supervisão das atividades de controle interno do Poder Executivo Federal.
- Art. 13: Enfoca as normas de auditoria governamental e a implementação desses processos pelo Sistema de Controle Interno do Poder Executivo Federal.

16.3. Entidades reguladoras e normativas

RECEITA FEDERAL DO BRASIL (RFB)

A Receita Federal do Brasil é a entidade responsável pela administração dos tributos federais e pela fiscalização e auditoria das obrigações tributárias. As instruções normativas da RFB detalham procedimentos e métodos de auditoria.

A auditoria externa é um processo realizado por auditores independentes para verificar a integridade e a conformidade das demonstrações financeiras e outros relatórios de uma entidade. No Brasil, esse processo é regulamentado por diversos instrumentos legais e normativos.

Abaixo estão as principais regras e as bases legais que norteiam a auditoria externa:

1. **Normas Brasileiras de Contabilidade (NBC) Auditoria**

- **Resolução CFC n.º 1.203/09:** Aprova as Normas Brasileiras de Contabilidade Técnicas de Auditoria Independente das Demonstrações Contábeis (NBC TAs).

2. **Lei das Sociedades por Ações (Lei n.º 6.404/1976)**

- **Capítulo XV:** Trata sobre a auditoria independente. Empresas de grande porte ou listadas em bolsas de valores são obrigadas a ter suas demonstrações financeiras auditadas por auditores independentes registrados na Comissão de Valores Mobiliários (CVM).
- **Artigo 177, §3º**: Estabelece que as sociedades por ações deverão auditar suas demonstrações financeiras por auditores independentes registrados na CVM.

3. **Comissão de Valores Mobiliários (CVM)**

- **Instrução CVM n.º 308, de 14 de maio de 1999:** Esta instrução dispõe sobre o registro e o exercício da atividade de auditoria independente no âmbito do mercado de valores mobiliários. Define os requisitos para o registro de auditores independentes e estabelece suas responsabilidades.

- **Artigo 1º:** Define requisitos para o exercício da atividade de auditoria independente.
- **Artigo 14**: Estabelece os deveres de independência e ética dos auditores.

4. Banco Central do Brasil (BACEN)

- **Resolução CMN n.º 4.588/2017**: Dispõe sobre a prestação de serviços de auditoria independente para instituições financeiras e demais instituições autorizadas a funcionar pelo Banco Central do Brasil.
- **Artigos 1º a 4º**: Definem os requisitos e condições para a contratação de auditoria independente.

5. Conselho Federal de Contabilidade (CFC)

- **NBC TAs:** As Normas Brasileiras de Contabilidade Técnicas de Auditoria (NBC TA) estabelecem procedimentos e guias para a condução das auditorias de demonstrações contábeis.

6. Lei Complementar n.º 116/2003

- **Artigo 13**: Define aspectos relacionados aos serviços de auditoria sob a legislação do ISS (Imposto Sobre Serviços).

7. Código de Ética Profissional do Contador (CEPC)

- **Resolução CFC n.º 803/1996:** Estabelece as normas de ética para contadores e auditores, destacando a importância da independência e da integridade profissional.

16.4. Procedimentos e considerações:

1. Independência

Os auditores devem manter a independência em relação à entidade auditada durante todo o processo de auditoria. Devem evitar qualquer situação de conflito de interesse que possa comprometer sua objetividade.

- **Base legal:** Instrução CVM n.º 308/1999, Art. 14; NBC PA 290 - Independência; Art. 177, §3º da Lei n.º 6.404/1976.

2. Planejamento da auditoria

O auditor deve planejar o trabalho de auditoria de forma adequada, considerando os riscos e as áreas de maior importância das demonstrações financeiras da entidade auditada.

- **Base legal:** NBC TA 300 - Planejamento da auditoria.

3. Execução da auditoria

Durante a execução, o auditor deve obter evidências suficientes e apropriadas para formar uma base segura para suas conclusões.

- **Base legal:** NBC TA 500 - Evidência de auditoria.

4. Documentação

Todos os procedimentos realizados, evidências obtidas e conclusões devem ser devidamente documentados de forma sistemática e organizada.

- **Base legal:** NBC TA 230 - Documentação de auditoria.

5. Relatório de auditoria

O auditor deve emitir um relatório contendo sua opinião sobre se as demonstrações financeiras apresentam, em todos os aspectos relevantes, a posição financeira e os resultados da entidade, conforme as normas contábeis aplicáveis.

- **Base legal:** NBC TA 700 – Formação de opinião e emissão do relatório.

6. **Comunicação com a administração**

O auditor deve comunicar as responsabilidades, bem como aspectos significativos da auditoria, aos responsáveis pela governança da entidade auditada.

- **Base legal:** NBC TA 260 – Comunicação com os responsáveis pela governança.

Como ficou claro, todos os esforços e procedimentos do auditor externo devem visar à transparência, à exatidão e à integridade das demonstrações financeiras auditadas.

A auditoria externa deve ser conduzida alinhada às normas contábeis aplicáveis e aos princípios éticos e de independência, garantidos pela legislação e regulamentos vigentes.

As auditorias externas são cruciais para a confiança no mercado financeiro e a transparência empresarial, sendo vital que os auditores sigam rigorosamente todas as normas e regulamentos estabelecidos. E é o CFC que estabelece as Normas Brasileiras de Contabilidade (NBC) aplicáveis à auditoria contábil e tributária.

16.5. Procedimentos e diretrizes de auditoria tributária

Planejamento da auditoria

Abrange a preparação das atividades de auditoria, definindo o escopo, a profundidade e as áreas específicas a serem revisadas.

- **Base legal**: Instrução Normativa RFB n.º 1.432/2013.

Atuação dos auditores

Determina que os auditores fiscais podem questionar, revisar e corrigir as receitas declaradas pelos contribuintes.

- **Base legal:** Art. 47 da Lei n.º 9.430/1996.

Comunicação do resultado da auditoria

Exige que os resultados das auditorias sejam formalmente comunicados aos contribuintes envolvidos.

- **Base legal:** Art. 60 da Lei n.º 9.784/1999 (que regula o processo administrativo no âmbito da Administração Pública Federal).

Sanções e penalidades

Define as sanções administrativas e financeiras aplicáveis em casos de irregularidades comprovadas.

- **Base legal:** Art. 44 da Lei n.º 9.430/1996.

Em resumo, a auditoria de processos tributários no Brasil é amplamente regulamentada por um conjunto de leis, instruções

normativas e regulamentos que detalham como as auditorias fiscais devem ser conduzidas, os poderes das autoridades fiscais e os direitos e responsabilidades dos contribuintes.

Essas regulamentações asseguram que os processos de auditoria sejam realizados com transparência e em conformidade com os padrões legais estabelecidos, contribuindo para a justiça fiscal e a confiança nos sistemas tributários.

Caso precise de informações mais específicas ou detalhadas sobre algum aspecto, é necessário perguntar ao profissional tributário.

16.6. Análise das causas das inconsistências e retificações

Passo 1: Investigue a causa raiz das inconsistências identificadas. Pode incluir a revisão de entradas contábeis incorretas, transações não registradas ou erros de cálculo.

- **Base legal:** Código Civil Brasileiro, Art. 1.179.

Passo 2: Consulte os responsáveis pelas áreas contábeis e financeiras para obter esclarecimentos e informações adicionais.

- **Base legal:** Lei n.º 11.638/2007.

Passo 3: Elabore novos lançamentos contábeis ou ajuste os existentes para corrigir as inconsistências. Pode envolver lançamentos de ajuste ou de estorno.

- **Base legal:** Art. 178 da Lei n.º 6.404/1976; Resolução CFC n.º 1.282/2010.

Passo 4: Certifique-se de que todos os ajustes estão documentados de forma clara e detalhada, incluindo a razão da correção e as referências adequadas.

- **Base legal:** Código Civil Brasileiro, Art. 1.194; Resolução CFC n.º 1.330/2011.

Passo 5: Revise os ajustes realizados para garantir que a correção das inconsistências tenha sido executada corretamente.

- **Base legal:** Resolução CFC n.º 750/1993 - NBC T 11.

Passo 6: Realize verificações adicionais, como reconciliações bancárias ou conferências de saldos contábeis, para validar os resultados após a correção.

- **Base legal:** Resolução CFC n.º 1.282/2010.

Passo 7: Atualize as demonstrações financeiras com os valores corrigidos. Pode envolver a reemissão das demonstrações financeiras para os períodos afetados.

- **Base legal:** Lei n.º 6.404/1976, Artigos 176 a 189 .

Passo 08: Se necessário, comunique as mudanças significativas aos interessados (acionistas, investidores, reguladores etc.).

- **Base legal:** Art. 176 da Lei n.º 6.404/1976; regulamentação da CVM.

Passo 09: Avalie os processos contábeis atuais e implemente controles adicionais para prevenir futuras inconsistências, como treinamentos periódicos, revisões independentes e melhorias nos sistemas de controle interno.

- **Base legal:** COSO (*Committee of Sponsoring Organizations of the Treadway Commission*); resolução CFC n.º 837/1999 - NBC T 12.

Passo 10: Documente as políticas e procedimentos atualizados para orientação futura.

- **Base legal:** Resolução CFC n.º 1.330/2011; Lei n.º 11.638/2007.

Por fim, é essencial manter um monitoramento contínuo das transações e processos contábeis para detectar e corrigir eventuais inconsistências em tempo hábil. E certifique-se de que todas as correções e procedimentos adotados estão em conformidade com as normas contábeis e regulatórias aplicáveis.

- **Base legal:** Resolução CFC n.º 1.282/2010; Artigos 177 e 178 da Lei n.º 6.404/1976.
- **Base legal:** Princípios e normas da Resolução CFC n.º 1.282/2010; orientações da Lei n.º 11.638/2007.

ALÉM DISSO, HÁ TAMBÉM ALGUMAS INSTRUÇÕES DA PRÓPRIA RECEITA FEDERAL PARA A RETIFICAÇÃO DE DECLARAÇÕES, COM SUAS BASES LEGAIS. QUE SÃO:

1. **Declaração de Débitos e Créditos Tributários Federais** (DCTF):

- **Base legal:** Instrução Normativa RFB n.º 2005, de 27 de janeiro de 2021. A Instrução Normativa RFB n.º 2.005/2021 estabeleceu procedimentos para a retificação das declarações DCTF.

2. **Declaração do Imposto de Renda Pessoa Jurídica (DIPJ):**

- **Base legal:** Instrução Normativa SRF n.º 390, de 30/01/2004.

3. **Declaração de Informações Econômico-Fiscais da Pessoa Jurídica (DIPJ):**

- **Base legal:** Instrução Normativa SRF n.º 28, de 19 de abril de 2001.

4. **Escrituração Contábil Digital (ECD):**

- **Base legal:** Instrução Normativa RFB n.º 2.023, de 21 de abril de 2021. Estabelece que a escrituração contábil pode ser substituída.

5. **Escrituração Contábil Fiscal (ECF):**

- **Base legal:** Instrução Normativa RFB n.º 2.004, de 18 de janeiro de 2021.

Essas instruções asseguram a capacidade dos contribuintes de corrigir e retificar as declarações entregues à Receita Federal.

16.7. Compensação de créditos tributários

A compensação de créditos tributários é um mecanismo contábil e financeiro amplamente utilizado no sistema tributário brasileiro. Esse processo permite que o contribuinte utilize créditos acumulados para quitar débitos fiscais, otimizando a gestão tributária e financeira de suas obrigações fiscais.

Esta seção aborda as principais origens, meios legais de utilização, parâmetros atuais da legislação vigente e as instruções de aplicação.

1. Origens dos créditos tributários

Os créditos podem surgir de tributos pagos indevidamente ou em montante maior que o devido, podendo, então, ser compensado.

Em relação a serviços prestados, também podem advir de créditos decorrentes de retenções na fonte efetuadas pelo cliente.

Assim como podem vir de créditos oriundos de saldos negativos de Imposto de Renda Pessoa Jurídica (IRPJ) ou Contribuição Social sobre o Lucro Líquido (CSLL). Além de créditos acumulados de ICMS ou IPI relacionados a exportações, uma vez que essas operações são desoneradas desses tributos.

2. Meios legais de utilização dos créditos

Os créditos podem ser utilizados por compensação, que pode ser feita por meio de declarações eletrônicas submetidas com o auxílio do sistema eletrônico da Receita Federal, como o Programa PER/DCOMP (Pedido Eletrônico de Restituição, Ressarcimento ou Reembolso e Declaração de Compensação).

Alternativamente, os créditos podem ser requeridos em dinheiro por meio de um pedido de restituição.

Em casos de contenciosos ou de litígios fiscais, é possível que haja compensações resultantes de termos de acordo ou decisões administrativas/judiciais.

AS PRINCIPAIS LEIS BRASILEIRAS PARA OS CRÉDITOS TRIBUTÁRIOS E AS INSTRUÇÕES NORMATIVAS RFB SÃO:

- **Lei n.º 9.430/1996: Art. 74:** Estabelece as regras gerais para a compensação de tributos administrados pela Receita Federal do Brasil (RFB).
- **Lei n.º 10.637/2002:** É sobre a não cumulatividade do PIS/PASEP e define créditos para compensação.
- **Lei n.º 10.833/2003:** Dispõe sobre a não cumulatividade da Cofins e define créditos passíveis de compensação.
- **Lei Complementar n.º 87/1996 (Lei Kandir):** Estabelece regras sobre o ICMS e a compensação de créditos relacionados a operações interestaduais e exportações.
- **Instrução Normativa RFB n.º 1.717, de 17 de julho de 2017:** Detalha os procedimentos para a apresentação do Pedido de Restituição, Ressarcimento, Reembolso e Declaração de Compensação (PER/DCOMP).
- **IN RFB n.º 1.862/2018:** Regula o processo de habilitação de crédito e uma compensação imediata.
- **Instrução Normativa RFB n.º 2.055, de 06 de dezembro de 2021:** Atualiza a forma de apresentação da Declaração de Compensação.

Sendo assim, a compensação de créditos tributários é um recurso valioso para os contribuintes, permitindo uma gestão mais eficiente dos recursos financeiros e a utilização de créditos acumulados, em virtude de tributos pagos indevidamente ou retidos na fonte. Esse mecanismo, ao mesmo tempo que proporciona uma desburocratização do cumprimento das obrigações fiscais, exige um acompanhamento atento às normas e regulamentações para garantir uma compensação correta e evitar questionamentos futuros por parte do Fisco.

17

INTERPRETAÇÕES DA **LEI TRIBUTÁRIA**

Vários estudiosos e juristas de renome têm contribuído para a interpretação e aplicação das leis tributárias no Brasil.

Hugo de Brito Machado, por exemplo, é um jurista que defende a importância da segurança juridica e da simplicidade na legislação tributária.

O autor Luciano Amaro contribuiu significativamente para a doutrina do direito tributário com suas obras, defendendo uma aplicação justa e equilibrada do sistema tributário.

E o autor Ricardo Lobo Torres é conhecido por seu enfoque nas garantias dos contribuintes e na proteção dos direitos fundamentais no âmbito fiscal. Neste capítulo, estão reunidas algumas ideias sobre a lei tributária.

17.1. Mudanças na legislação em benefício do contribuinte

Nos últimos anos, houve diversos avanços na legislação tributária visando beneficiar os contribuintes, incluindo:

I. A modernização dos sistemas eletrônicos da Receita Federal, que facilitou a apresentação dos pedidos de compensação eletronicamente.

II. A introdução de regras mais claras e procedimentos padronizados para a compensação de créditos tributários.

III. Iniciativas para proporcionar maior transparência e segurança jurídica nos processos de compensação e ressarcimento tributário.

A compensação de créditos tributários, regulamentada por uma robusta base legal e normas específicas, surge como uma ferramenta essencial para a gestão eficiente das obrigações tributárias pelos contribuintes. Deste modo, à medida que a legislação tributária evolui, cria-se um ambiente mais favorável, que busca simplificar os processos e consolidar os direitos dos contribuintes de maneira mais clara e acessível.

É imprescindível que os contribuintes reavaliem sua abordagem em relação à compensação de créditos tributários. Essa transformação de mentalidade deve ser vista como uma estratégia proativa, em vez de uma mera formalidade ou mecanismo reativo. A compensação não se limita a um simples ajuste contábil, mas é uma oportunidade estratégica para reduzir a carga tributária.

Compreender as nuances da legislação e aplicar as melhores práticas pode levar a economias financeiras significativas e a uma gestão tributária mais eficaz.

A correção de inconsistências tributárias, por exemplo, pode resultar diretamente em uma diminuição do passivo tributário. Ao identificar e retificar erros, omissões ou duplicidades nas declarações fiscais, a empresa pode transformar créditos tributários em compensações que reduzem a base de cálculo dos tributos devidos. Isso não apenas reduz a carga tributária imediatamente, mas também proporciona um fluxo de caixa mais robusto e recursos adicionais para a empresa.

Com o uso eficiente da compensação, os contribuintes podem melhorar sua receita qualitativa e quantitativa. Uma redução no passivo tributário libera recursos que podem ser reinvestidos nas operações da empresa, possibilitando, por exemplo, a expansão da capacidade produtiva, a melhoria da infraestrutura ou a contratação de novos colaboradores. Esse aproveitamento estratégico de créditos tributários potenciais oferece a oportunidade de otimizar a estrutura financeira da empresa, aumentando sua competitividade no mercado.

Além disso, enfatiza-se a importância de realizar um acompanhamento periódico por meio de auditorias tributárias especializadas.

A atuação de profissionais em governança tributária e fiscal é fundamental para identificar oportunidades de compensação e a mitigação de riscos regulatórios.

Uma auditoria tributária bem conduzida assegura a conformidade com a legislação vigente e possibilita a recuperação de créditos tributários que poderiam passar despercebidos, promovendo uma cultura de transparência e responsabilidade fiscal dentro da organização.

As bases legais que sustentam a compensação de créditos tributários estão dispostas no Código Tributário Nacional (CTN), especialmente nos seguintes artigos:

- **Art. 170:** Trata da possibilidade de compensação de créditos tributários, permitindo ao contribuinte aplicar créditos existentes em sua conta para quitar débitos tributários.
- **Art. 173:** Determina a decadência e a prescrição dos créditos tributários, aspectos essenciais que os contribuintes devem observar ao considerar a compensação.
- **Art. 156:** Estabelece as causas de extinção da obrigação tributária, incluindo a compensação como um dos meios válidos.
- **Art. 138:** Define regras sobre a restituição ou compensação de tributos pagos indevidamente, que impactam diretamente na estratégia de gestão tributária da empresa.

Repensar a abordagem dos contribuintes em relação à compensação tributária, investindo em auditorias especializadas e em governança tributária eficaz, é essencial. Isso garante que as oportunidades apresentadas pela legislação sejam plenamente aproveitadas, resultando em benefícios tangíveis e duradouros, tanto para o contribuinte quanto para a saúde financeira da empresa como um todo.

Com uma gestão tributária otimizada, as empresas podem não somente sobreviver a um ambiente fiscal complexo, mas também prosperar, assegurando seu crescimento e sustentabilidade em longo prazo. Tudo dentro da legalidade e com suporte na legislação. Ter uma governança tributária profissional e suporte técnico especializado zera, assim, os riscos fiscais aos quais o contribuinte estivesse sujeito por desconhecimento técnico ou mau assessoramento.

18

COMPENSAÇÃO TRIBUTÁRIA, **HOMOLOGAÇÃO E SUAS DEFINIÇÕES**

Este capítulo analisa as disposições do Artigo n.º 156 do Código Tributário Nacional (CTN), com foco na compensação tributária, abordando os benefícios das compensações, as instruções normativas vigentes, as leis atualizadas, as medidas provisórias, as soluções de consulta da Receita Federal e o contexto de segurança jurídica para a utilização das compensações de créditos próprios, oriundos de pagamentos indevidos e a maior, e créditos extemporâneos.

Serão também abordadas as questões que a Receita Federal pode levantar sobre as compensações e os procedimentos para realizá-las e as restituições, além do uso de créditos tributários próprios para a compensação de débitos na Procuradoria-Geral Federal.

18.1. Compensação tributária no CTN

O Artigo 156 do Código Tributário Nacional dispõe sobre as modalidades de extinção do crédito tributário, incluindo a compensação. A compensação é o encontro de contas entre créditos e débitos e entre o contribuinte e a Fazenda Pública, permitindo que créditos do contribuinte sejam utilizados para extinguir débitos tributários.

OUTROS ARTIGOS RELEVANTES DO CTN SÃO:

- **Artigo n.º 170:** Define que a compensação pode ser efetuada entre créditos líquidos e certos, vencidos ou vincendos, do contribuinte contra a Fazenda Pública.
- **Artigo n.º 170-A:** Proíbe a compensação de créditos antes do trânsito em julgado da decisão judicial que os reconhecer.

- **Artigo n.º 165:** Trata da repetição de indébito, permitindo ao contribuinte a restituição de tributos pagos indevidamente ou a maior.

E os benefícios que os contribuintes podem conseguir com a compensação tributária são:

1. **Redução de custos financeiros:**

Empresas podem utilizar créditos tributários para abater débitos fiscais, reduzindo o desembolso de caixa.

2. **Melhoria no fluxo de caixa:**

A compensação permite a utilização imediata de créditos, melhorando o fluxo de caixa e a liquidez da empresa.

3. **Eficiência na gestão tributária:**

Reduz a complexidade e o tempo gasto na administração de créditos e débitos fiscais.

4. **Segurança jurídica:**

As normativas vigentes garantem a previsibilidade e a legalidade na utilização dos créditos tributários.

18.2. Instruções normativas e leis vigentes

A Receita Federal tem como base algumas instruções normativas e medidas provisórias para garantir a compensação tributária. Algumas são:

- **IN RFB n.º 1.717/2017:** Dispõe sobre a restituição, compensação, ressarcimento e reembolso de tributos administrados pela Receita Federal do Brasil.
- **IN RFB n.º 2.055/2021:** Altera a IN RFB, n.º 1.717/2017, modernizando as regras sobre compensações tributárias.
- **IN RFB n.º 1.765/2017:** Estabelece normas complementares sobre restituição, compensação, ressarcimento e reembolso de tributos.
- **Lei n.º 9.430/1996:** Estabelece a possibilidade de compensação de tributos e contribuições administrados pela Receita Federal.
- **Lei n.º 10.637/2002:** Dispõe sobre a não cumulatividade da contribuição para o PIS/PASEP e permite a compensação de créditos.
- **Lei n.º 10.833/2003:** Trata da não cumulatividade da Cofins e permite a compensação de créditos.
- **Lei n.º 11.051/2004:** Altera a legislação tributária, incluindo regras sobre compensação de tributos.
- **Medida Provisória n.º 836/2018:** Dispõe sobre alterações na legislação tributária, incluindo regras para compensação de tributos.
- **Lei n.º 13.670/2018:** Estabelece novas regras para a compensação tributária, especialmente no âmbito federal.

18.3. Soluções de consulta da Receita Federal

Caso o contribuinte tenha dúvidas, a Receita Federal elaborou algumas Soluções de Consultas, que podem ser usadas por qualquer um, desde que se enquadre no assunto abordado pela solução. Alguns exemplos são:

- **Solução de Consulta Cosit n.º 13/2018:**

Esclarece a possibilidade de compensação de tributos federais, incluindo regras específicas para créditos extemporâneos.

- **Solução de Consulta Disit/SRRF04 n.º 4.036/2020:**

Trata da compensação de créditos tributários oriundos de pagamentos indevidos e a maior.

- **Solução de Consulta Cosit n.º 222/2019:**

Discute a compensação de créditos de PIS e Cofins com débitos de outros tributos federais.

18.4. Questionamentos da Receita Federal sobre compensações e procedimentos

A Receita Federal pode questionar a origem dos créditos apresentados para compensação, exigindo documentação comprobatória. Assim é feita a verificação se os créditos são líquidos, certos e vencidos, conforme exigido pela legislação.

Além disso, a Receita pode solicitar comprovação de trânsito em julgado para créditos oriundos de decisão judicial. Para isso, é feita uma avaliação para verificar se os créditos podem ser utilizados para compensar os débitos apresentados, conforme as regras específicas de cada tributo.

Para realizar o procedimento de compensação, o contribuinte deve apresentar o pedido à Receita Federal, utilizando o programa PER/DCOMP (Pedido Eletrônico de Restituição, Ressarcimento ou Reembolso e Declaração de Compensação). Deve, também, anexar documentação comprobatória dos créditos, incluindo DARF, guias de recolhimento e decisões judiciais, caso seja aplicável.

Feito isso, a Receita Federal analisará o pedido e, se aprovado, efetivará a compensação dos créditos com os débitos apresentados.

Para conseguir a restituição, o contribuinte deve comprovar que houve pagamento indevido ou a maior de tributos. E, então, formalizar o pedido de restituição, utilizando o PER/DCOMP e anexando a documentação necessária.

A Receita analisará o pedido e, se deferido, procederá à restituição dos valores pagos indevidamente.

18.5. Compensação de débitos na Procuradoria-Geral

Os créditos tributários próprios podem ser utilizados para a compensação de débitos inscritos na Procuradoria-Geral da Fazenda Nacional (PGFN).

O contribuinte pode conseguir com o princípio da imputação, que permite que o contribuinte utilize créditos próprios para compensar débitos, priorizando os mais antigos ou aqueles com maior incidência de encargos. Dessa maneira, os créditos podem ser utilizados para compensar débitos mesmo após a inscrição em dívida ativa, desde que respeitadas as regras específicas e os procedimentos estabelecidos pela PGFN.

Conforme previsto no Artigo n.º 156 do CTN e regulamentada por diversas leis, instruções normativas e soluções de consulta, a compensação tributária oferece múltiplos benefícios para os contribuintes, como redução de custos financeiros, melhoria no fluxo de caixa e eficiência na gestão tributária. E, como visto, a Receita Federal estabelece diretrizes claras para a utilização dessas compensações, garantindo a segurança jurídica necessária.

Além disso, os créditos tributários próprios podem ser utilizados para compensar débitos na Procuradoria-Geral, seguindo os princípios da imputação e respeitando as mudanças de fase do processo.

19

O ARTIGO N.º 170 DO **CÓDIGO TRIBUTÁRIO NACIONAL**

O Artigo n.º 170 do Código Tributário Nacional (CTN) dispõe sobre a compensação como forma de extinção do crédito tributário. Este capítulo analisa detalhadamente as bases legais, os benefícios e as regras aplicáveis ao Artigo n.º 170 do CTN, fornecendo uma compreensão abrangente de seu conteúdo e implicações para os contribuintes.

O texto do Artigo n.º 170 do CTN é:

"A lei pode, nas condições e sob as garantias que estipular, ou mediante autorização administrativa, permitir ao sujeito passivo compensar seus créditos com débitos tributários, líquidos e certos, vencidos ou vincendos, do mesmo sujeito passivo contra a Fazenda pública".

E temos como as bases legais e normativas os seguintes textos:

1. **Código Tributário Nacional (CTN):**

- **Artigo n.º 156:** Dispõe sobre as modalidades de extinção do crédito tributário, incluindo a compensação.
- **Artigo n.º 170-A:** Proíbe a compensação de créditos tributários antes do trânsito em julgado da decisão judicial que os reconhecer.

2. **Lei n.º 9.430/1996:**

- **Artigos n.º 73 a 75:** Regulamentam a compensação de tributos e contribuições administrados pela Receita Federal do Brasil.

3. **Instruções normativas da Receita Federal:**

- **IN RFB n.º 1.717/2017:** Dispõe sobre os procedimentos para restituição, compensação, ressarcimento e reembolso de tributos administrados pela Receita Federal.
- **IN RFB n.º 2.005/2021:** Atualiza as normas referentes à compensação tributária, modernizando e consolidando as regras.

4. **Normas Complementares:**

- **Lei n.º 10.637/2002 e Lei n.º 10.833/2003:** Regulamentam a compensação de créditos de PIS e Cofins não cumulativos.
- **Medida Provisória n.º 2.158-35/2001:** Estabelece regras sobre compensação de tributos federais.

19.1. Benefícios da compensação tributária prevista no Artigo n.º 170 do CTN

A compensação tributária permite que os contribuintes utilizem créditos tributários para abater débitos fiscais, melhorando o fluxo de caixa e a liquidez. Desse modo, evita o pagamento em duplicidade ao permitir a utilização de créditos para extinguir débitos.

Nesse sentido, a compensação simplifica os procedimentos administrativos, reduzindo a necessidade de múltiplos pagamentos e restituições.

O uso de sistemas eletrônicos como o PER/DCOMP facilita a formalização e gestão das compensações.

Com regras claras, o CTN garante uma maior previsibilidade e transparência para os contribuintes. Assim, a possibilidade de compensação administrativa reduz a necessidade de litígios judiciais para recuperar créditos tributários.

Por fim, a racionalização dos encargos permite a utilização de créditos para abater débitos tributários, evitando a incidência de encargos adicionais sobre dívidas fiscais.

19.2. Regras aplicáveis à compensação tributária

Os créditos podem ser definidos como pagamentos indevidos ou a maior, reconhecidos por decisão judicial transitada em julgado, além de outros créditos líquidos e certos. Já os débitos são tributos administrados pela Receita Federal, vencidos ou vincendos, do mesmo sujeito passivo contra a Fazenda Pública.

O pedido de compensação deve ser formalizado por meio do PER/DCOMP, detalhando os créditos e débitos a serem compensados. E o contribuinte não deve se esquecer de anexar documentos que comprovem a existência e legitimidade dos créditos, como guias de recolhimento e decisões judiciais.

Com isso feito, a Receita Federal tem um prazo para analisar e homologar a compensação, conforme estabelecido na legislação.

Caso a Receita Federal não se manifeste dentro do prazo, a compensação pode ser considerada homologada tacitamente, como explicado no capítulo 12.

Os créditos com decisão judicial só podem ser compensados após o trânsito em julgado da decisão que os reconheceu (Art. n.º 170-A do CTN). Contudo, não é permitida a compensação de créditos de um contribuinte com débitos de terceiros.

Portanto, o Artigo n.º 170 do CTN é fundamental para a administração tributária, pois permite uma forma eficiente e justa de extinção de créditos tributários através da compensação. As normas complementares e instruções normativas da Receita Federal detalham os procedimentos e garantem a segurança jurídica necessária para a aplicação dessa modalidade de extinção de crédito tributário.

No entanto a aplicação prática da compensação pode apresentar desafios, especialmente em relação à documentação e ao rigor exigido pela Receita Federal na comprovação dos créditos. A capacitação das equipes de gestão tributária e a adoção de sistemas de controle eficientes são essenciais para garantir a conformidade e evitar autuações fiscais.

Referências

- Código Tributário Nacional (CTN).
- Lei n.º 9.430/1996.
- Instrução Normativa RFB n.º 1.717/2017.
- Instrução Normativa RFB n.º 2.005/2021.
- Lei n.º 10.637/2002.
- Lei n.º 10.833/2003.
- Medida Provisória n.º 2.158-35/2001.

20

INSTRUÇÃO NORMATIVA DA RECEITA FEDERAL N.º 1.717 DE 2017

A Instrução Normativa RFB n.º 1.717, de 17 de julho de 2017, regulamenta os procedimentos de restituição, compensação, ressarcimento e reembolso de tributos administrados pela Receita Federal do Brasil (RFB).

Este capítulo analisa detalhadamente as disposições desta Instrução Normativa, destacando os termos técnicos, a base legal, as leis de amparo e todos os benefícios que a IN traz para o contribuinte.

A Instrução Normativa RFB n.º 1.717/2017 foi editada com o objetivo de consolidar e simplificar as normas relativas à restituição, compensação, ressarcimento e reembolso de tributos, trazendo maior clareza e eficiência aos procedimentos administrativos. Essa normativa visa alinhar as práticas fiscais aos princípios da eficiência administrativa e segurança jurídica, em conformidade com o Código Tributário Nacional (CTN) e outras leis tributárias vigentes.

20.1. Principais disposições da IN RFB n.º 1.717/2017

1. **Restituição de tributos:**

A restituição consiste na devolução de tributos pagos indevidamente ou a maior pelo contribuinte.

O pedido deve ser formalizado por meio do PER/DCOMP, detalhando o tributo, período de apuração e anexando os comprovantes de pagamento.

A Receita Federal deve analisar o pedido e, se deferido, restituir os valores no prazo de 60 dias, conforme previsto no Artigo n.º 24 da Lei n.º 11.196/2005.

2. **Compensação de tributos:**

A compensação permite ao contribuinte utilizar créditos tributários para extinguir débitos perante a Fazenda Nacional.

A formalização do pedido deve ser feita via PER/DCOMP, especificando os créditos e débitos a serem compensados. A Receita Federal, então, analisará e homologará o pedido, para confirmar a extinção dos débitos.

A compensação é feita por pagamentos indevidos ou a maior, créditos decorrentes de decisão judicial transitada em julgado, entre outros.

3. **Ressarcimento e reembolso:**

O ressarcimento é a devolução de valores pagos a título de tributos indiretos, como IPI e PIS/Cofins não cumulativos, que oneraram a cadeia produtiva sem a devida compensação. Já o reembolso é a devolução de tributos pagos em regime de substituição tributária ou em casos específicos de exportação.

20.2. Base legal e leis de amparo

1. **Código Tributário Nacional (CTN):**

- **Artigo n.º 165:** Trata da repetição de indébito.
- **Artigo n.º 156:** Define a compensação como modalidade de extinção do crédito tributário.
- **Artigo n.º 170 e 170-A:** Regulamentam a compensação de créditos tributários.

2. **Lei n.º 9.430/1996:**

- **Artigos n.º 73 a 75**: Dispõem sobre a compensação de tributos e contribuições administrados pela Receita Federal do Brasil.

3. **Lei n.º 11.196/2005:**

- **Artigo n.º 24:** Estabelece prazo para restituição de tributos pagos indevidamente.

4. **Lei n.º 10.637/2002 e Lei n.º 10.833/2003:**

- Disposições sobre PIS e Cofins não cumulativos, que regulamentam a compensação e o ressarcimento de créditos dessas contribuições.

20.3. Benefícios da IN RFB n.º 1.717/2017 para o contribuinte

1. **Eficiência administrativa:**

A IN RFB n.º 1.717/2017 padroniza e simplifica os procedimentos para restituição, compensação, ressarcimento e reembolso, reduzindo a burocracia e o tempo de espera. E é a utilização do sistema eletrônico PER/DCOMP que facilita a formalização dos pedidos, proporcionando maior agilidade e rastreabilidade.

2. **Segurança jurídica:**

As regras claras e detalhadas fornecidas pela IN garantem maior segurança jurídica para os contribuintes, reduzindo o risco de erros e autuações fiscais.

Com prazos definidos e procedimentos padronizados, os contribuintes podem planejar melhor suas finanças e obrigações tributárias.

3. **Benefícios financeiros:**

A possibilidade de restituir tributos pagos indevidamente ou a maior permite a recuperação de recursos financeiros.

A compensação de créditos tributários com débitos vencidos ou vincendos melhora o fluxo de caixa das empresas.

4. **Transparência e controle:**

O uso de sistemas eletrônicos, como o PER/DCOMP, permite um melhor controle e acompanhamento dos processos, proporcionando maior transparência. Assim, a exigência de documentação detalhada para comprovação de créditos e débitos assegura a transparência das operações fiscais.

A Instrução Normativa RFB n.º 1.717/2017 representa um avanço significativo na administração tributária brasileira. Ao padronizar e simplificar os procedimentos de restituição, compensação, ressarcimento e reembolso, a normativa facilita a vida dos contribuintes, reduzindo a burocracia e aumentando a eficiência dos processos. Além disso, a clareza das normas contribui para a segurança jurídica, essencial para um ambiente de negócios estável e previsível.

Entretanto é importante que os contribuintes mantenham uma organização rigorosa de sua documentação fiscal e estejam atentos às especificidades dos procedimentos para evitar questionamentos e autuações pela Receita Federal. A capacitação das equipes responsáveis pela gestão tributária e o uso de sistemas de gestão fiscal integrados são fundamentais para o cumprimento das exigências da IN RFB n.º 1.717/2017.

Referências

- Instrução Normativa RFB n.º 1.717/2017.
- Código Tributário Nacional (CTN).
- Lei n.º 9.430/1996.
- Lei n.º 11.196/2005.
- Lei n.º 10.637/2002.
- Lei n.º 10.833/2003.

21

INSTRUÇÃO NORMATIVA DA RECEITA FEDERAL **N.º 2.055 DE 2021**

A Instrução Normativa da Receita Federal do Brasil n.º 2.055/2021, de 06 de dezembro de 2021, introduz alterações significativas nas normas que regulam a restituição, compensação, ressarcimento e reembolso de tributos administrados pela Receita Federal.

Este capítulo visa analisar detalhadamente as disposições desta instrução normativa, destacando suas principais mudanças, implicações práticas, procedimentos a serem seguidos pelos contribuintes e dados técnicos específicos para a compensação de valores mês a mês, utilizando créditos próprios.

A Instrução Normativa RFB n.º 2.055/2021 foi editada com o objetivo de modernizar e consolidar as regras relativas à restituição, compensação, ressarcimento e reembolso de tributos, substituindo e atualizando a Instrução Normativa RFB n.º 1.717/2017. As mudanças foram feitas para simplificar procedimentos, aumentar a eficiência administrativa e proporcionar maior segurança jurídica aos contribuintes.

21.1. Principais alterações introduzidas pela Instrução Normativa RFB n.º 2.055/2021

1. Procedimentos de compensação:

Uma das atualizações que a IN 2.055/2021 trouxe foi a obrigatoriedade do uso do Pedido Eletrônico de Restituição, Ressarcimento ou Reembolso e Declaração de Compensação (PER/DCOMP), para formalizar pedidos de compensação de créditos tributários. E também a especificação dos tipos de créditos que podem ser utilizados para compensação, como aqueles oriundos de pagamento indevido ou a maior e os decorrentes de decisões judiciais transitadas em julgado.

Também estabeleceu prazos para a análise e homologação dos pedidos de compensação pela Receita Federal, com ênfase na celeridade e eficiência do processo.

2. Restituição de tributos:

A IN também trouxe a simplificação dos procedimentos para solicitação de restituição de tributos, com a exigência de menos documentação e a possibilidade de envio eletrônico de pedidos. Assim como critérios para a priorização da análise de pedidos de restituição, como valores elevados e a antiguidade dos créditos.

3. Ressarcimento e reembolso:

Trouxe mais detalhamento para as normas complementares aos pedidos de ressarcimento e reembolso, visando garantir a correta aplicação dos recursos e evitar fraudes. Desse modo, contribuindo para a harmonização das regras de ressarcimento e reembolso com outras instruções normativas e leis tributárias vigentes.

21.2. Procedimentos de compensação e restituição

1. **Compensação de tributos:**

O contribuinte deve formalizar o pedido de compensação através do PER/DCOMP, indicando os créditos e débitos a serem compensados. Com isso, anexar toda a documentação que comprove a existência dos créditos, como guias de recolhimento, comprovantes de pagamento e decisões judiciais.

A Receita Federal analisará o pedido e, se estiver em conformidade, homologará a compensação, extinguindo os débitos tributários indicados.

2. **Restituição de tributos:**

Deve-se utilizar o PER/DCOMP para formalizar o pedido de restituição, anexando os comprovantes de pagamento e demais documentos necessários.

A RFB deverá analisar o pedido no prazo estabelecido, priorizando os pedidos conforme os critérios definidos na IN.

Em caso de deferimento, os valores serão restituídos ao contribuinte, podendo ser creditados diretamente em conta bancária.

3. **Compensação mês a mês com créditos próprios:**

Mensalmente, o contribuinte deve identificar os créditos disponíveis oriundos de pagamentos indevidos ou a maior, bem como créditos extemporâneos. Assim, a cada mês, os créditos identificados devem ser registrados no PER/DCOMP, detalhando a origem e natureza dos créditos.

Deve-se também verificar a compatibilidade dos créditos com os débitos tributários do período, assegurando que os créditos possam ser utilizados para compensar os débitos.

A compensação deve ser formalizada por meio do PER/DCOMP, anexando a documentação necessária e seguindo os procedimentos estabelecidos pela Receita Federal.

Deve-se monitorar a análise e homologação pela RFB, garantindo que todas as compensações sejam efetivamente realizadas e homologadas dentro do prazo.

21.3. Possíveis questionamentos da Receita Federal

1. **Origem dos créditos:**

A Receita Federal pode questionar a origem dos créditos apresentados para compensação, exigindo documentação comprobatória detalhada.

2. **Legitimidade dos créditos:**

Verificar se os créditos são líquidos, certos e vencidos, conforme exigido pela legislação.

3. **Compatibilidade de créditos e débitos:**

Avaliar se os créditos podem ser utilizados para compensar os débitos apresentados, conforme as regras específicas de cada tributo.

4. **Trânsito em julgado:**

A Receita pode solicitar comprovação de trânsito em julgado para créditos oriundos de decisão judicial.

21.4. Procedimentos específicos de compensação e restituição

1. **Compensação de tributos:**

O contribuinte deve formalizar o pedido de compensação por meio do PER/DCOMP, indicando os créditos e débitos a serem compensados. No PER/DCOMP, deve anexar toda a documentação que comprove a existência dos créditos, como guias de recolhimento, comprovantes de pagamento e decisões judiciais.

A Receita Federal analisará o pedido e, se estiver em conformidade, homologará a compensação, extinguindo os débitos tributários indicados.

2. **Restituição de tributos:**

Deve-se utilizar o PER/DCOMP para formalizar o pedido de restituição, anexando os comprovantes de pagamento e demais documentos necessários.

A Receita Federal deverá, então, analisar o pedido no prazo estabelecido, priorizando os pedidos conforme os critérios definidos na Instrução Normativa.

Em caso de deferimento, os valores serão restituídos ao contribuinte, podendo ser creditados diretamente em conta bancária.

Conclui-se que a Instrução Normativa da Receita Federal do Brasil n.º 2.055/2021, de 06 de dezembro de 2021, oferece maior segurança jurídica aos contribuintes ao detalhar os procedimentos de compensação, restituição, ressarcimento e reembolso de tributos. A simplificação e modernização dos processos administrativos reduzem o risco de erros e autuações, proporcionando um ambiente mais previsível para a gestão tributária.

A adequada implementação das novas regras exige atenção às mudanças e capacitação contínua das equipes responsáveis pela gestão tributária nas empresas. Logo, manter-se atualizado com as normativas e boas práticas é essencial para garantir a conformidade e evitar problemas com a Receita Federal.

Referências

- Instrução Normativa RFB n.º 2.055/2021.
- Instrução Normativa RFB n.º 1.717/2017.
- Código Tributário Nacional (CTN).
- Lei n.º 9.430/1996.
- Lei n.º 10.637/2002.
- Lei n.º 10.833/2003.
- Medida Provisória n.º 836/2018.
- Lei n.º 13.670/2018.

22

UTILIZAÇÃO DE CRÉDITOS PAGOS **INDEVIDAMENTE OU A MAIOR**

O capítulo analisa detalhadamente as disposições do Artigo 165 do Código Tributário Nacional (CTN) referentes à repetição de indébito, ou seja, a devolução de tributos pagos indevidamente ou a maior. Serão abordados todos os requisitos para a utilização desses créditos, as regras baseadas em dispositivos legais e os meios devidos para solicitar a restituição ou compensação desses valores.

O texto do Artigo n.º 165 do Código Tributário Nacional é:

"O sujeito passivo tem direito, independentemente de prévio protesto, à restituição total ou parcial do tributo, seja qual for a modalidade do seu pagamento, nos seguintes casos:

I. Cobrança ou pagamento espontâneo de tributo indevido ou maior que o devido em face da legislação tributária aplicável, ou da natureza ou circunstâncias materiais do fato gerador efetivamente ocorrido;
II. Erro na edificação do cálculo do montante do débito;
III. Reforma, anulação, revogação ou rescisão de decisão condenatória".

Os Artigos n.º 165 a 169 do CTN tratam da repetição de indébito, incluindo as regras sobre a restituição e compensação de tributos pagos indevidamente ou a maior. Já o Artigo n.º 170 permite a compensação de créditos tributários com débitos tributários. E o Artigo n.º 170-A proíbe a compensação de créditos antes do trânsito em julgado da decisão judicial que os reconheça.

Com base na Lei n.º 9.430/1996:, Artigos n.º 73 a 75, é regulamentado a compensação de tributos e contribuições administrados pela Receita Federal. Enquanto que suas instruções normativas definem:

- **IN RFB n.º 1.717/2017:** Dispõe sobre os procedimentos para restituição, compensação, ressarcimento e reembolso de tributos administrados pela Receita Federal.
- **Instrução Normativa RFB n.º 2.055/2021:** Atualiza as normas referentes à compensação tributária, modernizando e consolidando as regras.

NORMAS COMPLEMENTARES:

- **Lei n.º 10.637/2002 e Lei n.º 10.833/2003:** Regulamentam a compensação de créditos de PIS e Cofins não cumulativos.
- **Medida Provisória n.º 2.158-35/2001:** Estabelece regras sobre compensação de tributos federais.

22.1. Requisitos para a utilização de créditos pagos indevidamente ou a maior

O crédito deve ser oriundo de tributos pagos indevidamente ou a maior, conforme definido no Artigo 165 do Código Tributário Nacional.

Deve-se manter documentação que comprove o pagamento indevido ou a maior, incluindo guias de recolhimento, notas fiscais, declarações fiscais e outros documentos pertinentes.

O Pedido Eletrônico de Restituição, Ressarcimento ou Reembolso e Declaração de Compensação (PER/DCOMP) deve ser utilizado para formalizar o pedido de restituição ou compensação.

Esse pedido deve detalhar o tributo, período de apuração, valor pago indevidamente ou a maior e, depois, anexar a documentação comprobatória.

Feito isso, a Receita Federal deve analisar o pedido de restituição ou compensação dentro de um prazo razoável. No caso de restituição, a análise deve ser concluída no prazo de 60 dias, conforme o Artigo 24 da Lei n.º 11.196/2005.

A homologação do pedido confirma a existência do crédito e autoriza a compensação ou restituição do valor.

Para créditos oriundos de decisões judiciais, é necessário o trânsito em julgado da decisão que reconheça o crédito (Art. n.º 170-A do CTN).

Os créditos devem ser compatíveis com os débitos apresentados para a compensação, de acordo com as regras específicas de cada tributo.

22.2. Meios de utilização dos créditos

4. **Restituição:**

A formalização do pedido de restituição deve ser feita via PER/DCOMP, com a apresentação de documentação comprobatória.

Após a homologação, o contribuinte receberá a restituição do valor pago indevidamente ou a maior, que pode ser creditado em conta bancária.

5. **Compensação:**

Deve-se utilizar o PER/DCOMP para formalizar a compensação dos créditos tributários com débitos tributários. Lá, anexe os comprovantes de pagamento e outros documentos que comprovem a existência do crédito.

Após isso, a Receita Federal analisará e homologará a compensação, extinguindo os débitos apresentados.

6. **Ressarcimento e reembolso:**

O ressarcimento é aplicável para tributos indiretos, como IPI e PIS/Cofins, que oneraram a cadeia produtiva sem a devida compensação. Já o reembolso é a devolução de tributos pagos em regime de substituição tributária ou em casos específicos de exportação.

22.3. Benefícios da repetição de indébito

1. Recuperação de recursos:

A repetição de indébito permite a recuperação de recursos financeiros pagos indevidamente ou a maior, melhorando a situação financeira do contribuinte. Assim, evitando a necessidade de desembolso adicional para quitar débitos fiscais.

2. Segurança jurídica:

Regras claras sobre a restituição e compensação garantem maior segurança jurídica para os contribuintes.

Prazos definidos e procedimentos padronizados proporcionam previsibilidade nas operações fiscais.

3. Eficiência administrativa:

A utilização de sistemas eletrônicos como o PER/DCOMP simplifica os procedimentos administrativos.

Isso facilita a gestão e o acompanhamento dos processos de restituição e compensação.

Em resumo, o Artigo n.º 165 do Código Tributário Nacional e as normas complementares fornecem um arcabouço robusto para a recuperação de tributos pagos indevidamente ou a maior. As instruções normativas da Receita Federal detalham os procedimentos e garantem a segurança jurídica necessária para a aplicação dessas normas. Ao passo que a utilização de sistemas eletrônicos, como o PER/DCOMP, simplifica e agiliza os processos, proporcionando benefícios significativos para os contribuintes.

No entanto, é crucial que os contribuintes mantenham uma organização rigorosa de sua documentação fiscal e estejam atentos às exigências da Receita Federal para evitar questionamentos e autuações. A capacitação das equipes de gestão tributária e a adoção de sistemas de controle eficientes são essenciais para garantir a conformidade e maximizar os benefícios da repetição de indébito.

Referências

- Código Tributário Nacional (CTN).
- Lei n.º 9.430/1996.
- Instrução Normativa RFB n.º 1.717/2017.
- Lei n.º 10.637/2002.
- Lei n.º 10.833/2003.
- Medida Provisória n.º 2.158-35/2001.Instrução Normativa RFB n.º 2.055/2021.

23

COMPENSAÇÃO DE TRIBUTOS PAGOS INDEVIDAMENTE E **OS TERMOS DE HOMOLOGAÇÃO CORRETOS**

As bases legais que amparam a compensação de tributos pagos indevidamente ou a maior fazem com que não tenha necessidade de aguardar a homologação dos créditos pela Receita Federal. De forma tácita, a homologação desses créditos permite ao contribuinte utilizar créditos tributários imediatamente após a identificação e formalização pelo PER/DCOMP. Este capítulo apresenta as leis, instruções normativas e metodologias tecnológicas que garantem a celeridade e a segurança jurídica nesse processo.

AS LEIS QUE AMPARAM A COMPENSAÇÃO DE TRIBUTOS SÃO:

1. Código Tributário Nacional (CTN):

- **Artigo n.º 165:** Direito à restituição total ou parcial de tributo pago indevidamente ou a maior.
- **Artigo n.º 170**: Permite a compensação de créditos tributários com débitos tributários.
- **Artigo n.º 170-A:** Proíbe a compensação de créditos antes do trânsito em julgado da decisão judicial que os reconhecer.

2. Lei n.º 9.430/1996:

- **Artigos n.º 73 a 75:** Regulamentam a compensação de tributos e contribuições administrados pela Receita Federal do Brasil.

3. Instruções Normativas da Receita Federal:

- **IN RFB n.º 1.717/2017:** Dispõe sobre os procedimentos para restituição, compensação, ressarcimento e reembolso de tributos administrados pela Receita Federal.

- **IN RFB n.º 2.055/2021:** Atualiza as normas referentes à compensação tributária, modernizando e consolidando as regras.

4. **Normas complementares:**

- **Lei n.º 10.637/2002 e Lei n.º 10.833/2003:** Regulamentam a compensação de créditos de PIS e Cofins não cumulativos.
- **Medida Provisória n.º 2.158-35/2001:** Estabelece regras sobre compensação de tributos federais.

23.1. Procedimentos para compensação de tributos

Primeiramente, o contribuinte deve identificar créditos oriundos de pagamentos indevidos ou a maior. A Lei n.º 9.430/1996, em seu Artigo 74, e a Instrução Normativa RFB n.º 1.717/2017 fornecem a base legal para a identificação e a utilização desses créditos.

Assim, deve-se utilizar o Pedido Eletrônico de Restituição, Ressarcimento ou Reembolso e Declaração de Compensação (PER/DCOMP) para formalizar a compensação. O crédito informado no PER/DCOMP já é considerado líquido e certo para uso imediato.

O contribuinte deve preencher o PER/DCOMP com detalhes do tributo, do período de apuração e o valor pago indevidamente ou a maior. Depois, anexar a documentação comprobatória, como guias de recolhimento, notas fiscais e declarações fiscais.

Após o processo, o contribuinte deve manter um controle rigoroso e consolidado dos créditos a serem compensados, garantindo que estejam devidamente documentados e justificados.

Conforme a legislação e as práticas da Receita Federal, a homologação dos créditos é tácita. Isso significa que a compensação é considerada válida a partir do momento de sua formalização, salvo se houver manifestação contrária da Receita Federal.

A Lei n.º 9.430/1996, em seus artigos n.º 73 a 75, e as instruções normativas da Receita Federal, como a IN RFB n.º 1.717/2017 — e posteriormente inovando com a IN RFB n.º 2.055/2021 de 06 de dezembro de 2021 — estabelecem que a compensação pode ser realizada sem a necessidade de homologação prévia expressa, sendo a análise feita posteriormente pela Receita.

Após a formalização do crédito via PER/DCOMP, ele pode ser utilizado para compensação tributária mês a mês, conforme a documentação anexada. A Instrução Normativa RFB n.º 1.717/2017, em seus artigos n.º 37 a 39 — que foi mantida com o advento da Instrução Normativa RFB n.º 2.055/2021 de 06 de dezembro de 2021 —, prevê que, uma vez apresentados os créditos para compensação, estes podem ser utilizados imediatamente para a extinção dos débitos, seguindo o princípio da autoaplicação da compensação tributária.

Portanto, é essencial que a documentação anexada no PER/DCOMP comprove de forma transparente, líquida e certa os créditos apresentados.

Com a adoção de novas metodologias tecnológicas, a Receita Federal realiza a análise de viabilidade dos créditos de forma rápida, geralmente em até três dias.

A Lei n.º 11.457/2007, que criou a Receita Federal do Brasil, destaca a eficiência administrativa e o uso de tecnologia para acelerar processos.

A IN RFB n.º 1.717/2017 também suporta a análise ágil, que foram mantidos com o advento da Instrução Normativa RFB n.º 2.055/2021 de 06 de dezembro de 2021, prevendo que a Receita deve se manifestar sobre o pedido de compensação. Contudo, se o crédito não for viável ou não for líquido e certo, a Receita Federal indeferirá o pedido imediatamente.

A utilização dos créditos tributários é rápida e prática, principalmente, em programas como o REFIS (Programa de Recuperação Fiscal), desde que os créditos sejam comprovados adequadamente.

O Artigo n.º 170 do CTN, em conjunto com a IN RFB n.º 1.717/2017, garante que a compensação tributária tenha efeitos imediatos, desde que atendidos os requisitos legais — que foram mantidos com o advento da Instrução Normativa RFB n.º 2.055/2021 de 06 de dezembro de 2021

O Decreto n.º 70.235/1972, que regula o processo administrativo fiscal, também assegura o direito à ampla defesa e ao contraditório, proporcionando segurança jurídica. Logo, a validação dos créditos depende da transparência e da documentação apresentada pelo contribuinte.

Desse modo, soluções de consulta da Receita Federal, como a Solução de Consulta Cosit n.º 13/2018, fornecem diretrizes adicionais sobre a compensação de tributos e reforçam a segurança jurídica e a eficiência administrativa.

23.2. Benefícios da compensação de créditos pagos indevidamente ou a maior

A compensação de créditos permite ao contribuinte recuperar recursos financeiros pagos indevidamente ou a maior, melhorando o fluxo de caixa. Também evita o desembolso adicional para pagamento de débitos tributários.

Como as regras sobre a compensação são claras, a segurança jurídica para os contribuintes é garantida. E com a homologação tácita, os contribuintes podem planejar melhor suas finanças e obrigações tributárias.

A utilização do PER/DCOMP simplifica os procedimentos administrativos, facilitando a gestão e o acompanhamento dos processos de compensação.

As normas legais e instruções normativas que regulam a compensação de tributos pagos indevidamente ou a maior, como o Artigo 165 do CTN, a Lei n.º 9.430/1996 e as IN RFB n.º 1.717/2017 e IN RFB n.º 2.055/2021, oferecem um arcabouço robusto para garantir a segurança jurídica e a eficiência administrativa. A possibilidade de homologação tácita e a celeridade na análise dos créditos são fundamentais para a agilidade e previsibilidade dos processos de compensação.

No entanto é crucial que os contribuintes mantenham uma organização rigorosa de sua documentação fiscal e estejam atentos às exigências da Receita Federal. A transparência e a precisão na comprovação dos créditos são essenciais para evitar questionamentos e autuações. A capacitação das equipes de gestão tributária e a adoção de sistemas de controle eficientes são fundamentais para garantir a conformidade e maximizar os benefícios da compensação de créditos tributários.

Referências

- Código Tributário Nacional (CTN).
- Lei n.º 9.430/1996.
- Instrução Normativa RFB n.º 1.717/2017.
- Instrução Normativa RFB n.º 2.005/2021.
- Instrução Normativa RFB n.º 2.055/2021. Lei n.º 10.637/2002.
- Lei n.º 10.833/2003.
- Medida Provisória n.º 2.158-35/2001.
- Lei n.º 11.457/2007.
- Decreto n.º 70.235/1972.
- Solução de Consulta Cosit n.º 13/2018.

24

CONCLUSÃO SOBRE A COMPENSAÇÃO **TRIBUTÁRIA**

A compensação de tributos pagos indevidamente ou a maior é um direito assegurado ao contribuinte, fundamentado em robustas bases legais, como o Código Tributário Nacional (CTN), a Lei n.º 9.430/1996, a Lei n.º 11.051/2004 e diversas instruções normativas da Receita Federal, como a IN RFB n.º 1.717/2017 e a IN RFB n.º 2.005/2021 — que foram mantidos com o advento da Instrução Normativa RFB n.º 2.055/2021, de 06 de dezembro de 2021. Esses dispositivos proporcionam uma estrutura normativa clara e eficiente, permitindo a recuperação de créditos tributários de forma segura e ágil.

A homologação tácita dos créditos tributários é um princípio essencial nesse processo, permitindo que a compensação seja considerada válida imediatamente após a formalização via PER/DCOMP. Esse mecanismo é respaldado por diversas bases legais, incluindo:

- **Lei n.º 9.430/1996, Artigos n.º 73 a 75:** Estabelecem que a compensação de tributos, administrados pela Receita Federal, pode ser realizada sem a necessidade de homologação prévia expressa.
- **Lei n.º 11.051/2004, Artigo n.º 49:** Determina que a falta de manifestação da Receita Federal no prazo de cinco anos implica homologação tácita.
- **Decreto n.º 70.235/1972:** Regulamenta o processo administrativo fiscal e assegura o direito à compensação de créditos tributários, prevendo a homologação tácita em diversas situações.
- **Lei n.º 11.457/2007:** Enfatiza a utilização de tecnologia para acelerar processos e melhorar a eficiência administrativa da Receita Federal, facilitando a homologação tácita dos créditos.

A celeridade na análise dos créditos é garantida pelas metodologias tecnológicas avançadas adotadas pela Receita Federal, conforme previsto em:

- **Lei n.º 11.457/2007:** Destaca a eficiência administrativa e o uso de tecnologia para acelerar processos.
- **Instrução Normativa RFB n.º 1.717/2017:** Prevê que a Receita Federal deve se manifestar sobre o pedido de compensação de forma ágil.
- **Lei n.º 9.784/1999, Artigo n.º 49:** Estabelece o prazo de até 30 dias para a conclusão de processos administrativos, salvo disposição em contrário.

A segurança jurídica é reforçada por normas claras e detalhadas, garantindo previsibilidade e confiabilidade no processo de compensação. As bases legais incluem:

- **Código Tributário Nacional (CTN), Artigos n.º 165 e 170:** Disciplinam a restituição e a compensação de tributos pagos indevidamente ou a maior.
- **Lei n.º 9.430/1996:** Regulamenta a compensação de tributos e contribuições administrados pela Receita Federal.
- **Lei n.º 11.457/2007:** Promove a eficiência administrativa e a utilização de tecnologia.
- **Decreto n.º 70.235/1972:** Assegura o direito à ampla defesa e ao contraditório no processo administrativo fiscal.
- **Soluções de Consulta da Receita Federal:** Como a Solução de Consulta Cosit n.º 13/2018, que fornece diretrizes adicionais sobre a compensação de tributos.

O processo de compensação tributária envolve a identificação e a formalização dos créditos por meio do PER/DCOMP, que são considerados líquidos e certos após a homologação tácita. Erros contábeis, quando corrigidos, podem gerar créditos tributários.

AS BASES LEGAIS QUE POSSIBILITAM A CORREÇÃO DE ERROS E GERAÇÃO DE CRÉDITOS INCLUEM:

- **Código Tributário Nacional (CTN), Artigo n.º 165:** Prevê a restituição de tributos pagos indevidamente ou a maior, corrigidos por meio de ajustes contábeis.
- **Lei n.º 9.430/1996, Artigo n.º 74:** Permite a compensação de créditos decorrentes de correções de erros contábeis.
- **Instrução Normativa RFB n.º 1.717/2017, Artigos n.º 37 a 39 — que foram mantidos com o advento da Instrução Normativa RFB n.º 2.055/2021, de 06 de dezembro de 2021:** Detalha os procedimentos para formalização e utilização de créditos corrigidos.
- **Decreto n.º 70.235/1972:** Regula o processo administrativo fiscal, assegurando a correção de erros e a compensação dos créditos resultantes.

25

ERROS CONTÁBEIS **QUE PODEM GERAR CRÉDITOS**

Para finalizar, há alguns erros contábeis que podem gerar créditos tributários. Confira alguns:

- **Erros de lançamento**: Lançamentos contábeis incorretos que resultem em pagamentos a maior, conforme previsto no CTN, Artigo 165, Inciso I.
- **Reclassificações de contas**: Correção de classificações incorretas de contas que alterem a base de cálculo de tributos, conforme Lei n.º 9.430/1996, Artigo 74.
- **Ajustes em apurações de tributos**: Correção de apurações de tributos, como PIS/Cofins, IRPJ e CSLL, que resultem em pagamento a maior, conforme IN RFB n.º 1.717/2017, Artigo 37.
- **Revisão de escrituração**: Identificação de créditos não aproveitados em períodos anteriores, conforme Decreto n.º 70.235/1972.

Após a identificação dos créditos e formalização pelo PER/DCOMP, estes podem ser utilizados para compensação tributária de forma mensal, proporcionando um fluxo contínuo de benefícios financeiros para o contribuinte.

A celeridade e a eficiência administrativa garantem que o processo seja ágil e seguro, contribuindo para a estabilidade financeira das empresas.

CONCLUSÃO

Ao finalizar esta jornada pelo universo tributário, é importante destacar que tributos não são apenas um custo inevitável, mas também uma oportunidade estratégica para empresas que desejam prosperar em um mercado cada vez mais competitivo. Este livro mostrou que, com o planejamento correto e o uso inteligente das normas fiscais, é possível transformar obrigações legais em vantagens competitivas.

A gestão tributária eficiente vai além do simples cumprimento da legislação. Ela envolve estratégias como a elisão fiscal, a compensação de créditos e a implementação de práticas de compliance, que não apenas reduzem custos, mas também aumentam a segurança jurídica e a capacidade de reinvestimento das empresas. Quando bem conduzido, o planejamento tributário é um diferencial que fortalece a sustentabilidade financeira e a competitividade organizacional.

Os conceitos explorados aqui demonstram que a área tributária, embora complexa, oferece inúmeras possibilidades para otimizar recursos e promover o crescimento de forma ética e legal. Tributos não precisam ser encarados como um peso, mas sim como ferramentas de inovação e estratégia.

Que este livro inspire gestores e profissionais a enxergar o potencial transformador da gestão tributária, tomando decisões mais informadas e assertivas. Aplicar o conhecimento adquirido aqui é um passo essencial para construir um futuro financeiro mais equilibrado, seguro e próspero.